SAMARITAAN

D1147357

Van A.H.J. Dautzenberg verscheen:
Vogels met zwarte poten kun je niet vreten (2010)

A.H.J. Dautzenberg

Samaritaan

Roman

2011
Uitgeverij Contact
Amsterdam/Antwerpen

Met dank aan Willem Weimar en Willij Zuidema
www.erasmusmc.nl/niertransplantatie

© 2011 A.H.J. Dautzenberg
Omslagontwerp en -illustratie Herman van Bostelen
Typografie binnenwerk Text & Image, Beilen
Drukker HooibergHaasbeek, Meppel
ISBN 978 90 254 3604 9
D/2011/0108/922
NUR 301
www.uitgeverijcontact.nl

altruïsme (het; vgl. –isme) [◄1898► <Fr. *altruisme*, gevormd door de filosoof Auguste Comte (1798-1857) van Lat. *alter* (een ander) en Fr. *autrui* (een ander)], het laten bepalen van zijn handelwijze door de belangen van anderen, syn. *onbaatzuchtigheid*, tgov. *egoïsme*.

anarchisme ((het; vgl. –isme) 1 leer van de verloochening en omverwerping van alle staatsgezag en de onbegrensde zelfstandigheid van elk individu 2 het streven naar anarchie als heersende toestand (politiek of anderszins).

egoïsme (het; vgl. –isme) [◄1872► <Fr. *égoïsme*, gevormd van Lat. *ego* (ik)], de levenshouding van iem. die voortdurend slechts het eigen belang en het eigen welzijn op het oog heeft, syn. *zelfzucht, baatzucht*, tgov. *altruisme*.

masochisme (het; vgl. –isme) [◄1899► <Hd. *Masochismus*, door de Duitse psychiater R. von Krafft-Ebing gevormd van de naam van de Oostenrijkse romanschrijver Leopold Sacher Masoch (1836-1895), die het verschijnsel beschreef] 1 het beleven van plezier aan het ondervinden van pijn, tgov. *sadisme: seksueel masochisme*, psychische gesteldheid waarbij de seksuele lustbeleving slechts mogelijk is bij vernedering of pijn 2 (fig.) houding die of gedrag dat getuigt van het genieten van verachting of onderwaardering: *het masochisme ten aanzien van onze taal* (Van der Veen).

You know I'm born to lose
And gambling's for fools
But that's the way I like it baby
I don't wanna live for ever

The Ace Of Spades, Motörhead

Ik werd al lang geplaagd door het verlangen een absurde
daad te begaan op een mij volledig vreemde plek, en nu
werd deze mij in de schoot geworpen, zonder inspanning,
bijna vreugdevol.

Avonturen in de alledaagse onwerkelijkheid, Max Blecher

Zoals bekend dienen de nieren ertoe om schadelijke
stoffen uit het lichaam te verwijderen en lijken ze qua
vorm op een boon. Wat voor bijzonders kan hiermee
gebeuren?

` *Brieven en dagboeken*, Daniil Charms

DEEL I

PATER

Nu hijst het scheepje van mijn geest de zeilen,
De wrede zee verlatend op mijn eis,
Om over beter water voort te ijlen;

Canto 1, Louteringsberg, *De goddelijke komedie*, Dante

1

één op de drieduizend

(de coördinator)

donderdag 19 maart 2009, 10.15 uur

'De kans op overlijden is één op de drieduizend.'
Oké.
'Daar schrik je niet van?'
Aan elke operatie zijn toch risico's verbonden?
'Ik vraag het omdat je instemt met een operatie die geen medische noodzaak heeft.'
Excuseer dat ik u tegenspreek, mevrouw, maar de medische noodzaak lijkt mij overduidelijk.
'Is dat zo?'
Er staan genoeg patiënten op de wachtlijst die dreigen te sterven als ze niet snel een donornier krijgen...
'Ik bedoel dat de operatie voor jóú geen medische noodzaak heeft... We zijn uiteraard hartstikke blij met je voornemen. Zoals je misschien weet, overlijdt bijna een kwart van de patiënten die op een donornier wachten.'

Het is overigens nog maar de vraag of er voor mij geen medische noodzaak bestaat... De relatie tussen lichaam en geest is grotendeels nog een onontgonnen terrein.

'Wat bedoel je precies?'

Wanneer ik geen gehoor geef aan mijn gevoel, dan kan dat een negatief effect hebben op mijn fysieke gesteldheid. Ik kan hartklachten krijgen, een maagzweer, hoge bloeddruk, noem maar op. Toch?

'Uit je woorden begrijp ik dat het afstaan van een nier belangrijk voor je is. Kun je daar iets meer over vertellen?'

Wat wilt u precies weten?

'Om te beginnen, waarom wacht je met doneren niet tot je dood bent?'

De kans dat een nier van een levende donor aanslaat is 97%. Een postmortale nier wordt veel sneller afgestoten. Bovendien gaat een levende nier twee keer zo lang mee als een dode.

'Je hebt je goed voorbereid... Maar waarom wil jíj een nier afstaan, wat is je motivatie daarbij?'

Zoals ik al zei, ik wil mijn gevoel volgen... Weet u, ik loop al jaren rond met het idee om een nier af te staan en–

'Sorry dat ik je onderbreek, maar sta je ingeschreven in het landelijk donorregister?'

Uiteraard.

'Ga door.'

De Grote Donorshow van BNN maakte destijds veel indruk op me. Wat een vondst om met acteurs te werken; miljoenen kijkers trapten erin – ik ook hoor. De boodschap hakte er bij mij behoorlijk in. Ik voelde meteen: ik moet iets doen. Maar ik wist niet precies wat... Totdat ik maanden later tijdens het zappen op een tv-programma stuitte waarin werd gediscussieerd over nierdonatie. Een wetenschapper benadrukte dat je heel goed kunt leven met één nier, de reservecapaciteit is enorm – dat was nieuw voor mij... Antoine Bodar was een van de gasten en hij zei serieus te overwegen om een nier af te staan – prikkelend, ik zat op het puntje van mijn stoel. Vervolgens haalde de presentator de christelijke moraal erbij – het evangelie dit, God dat –, en toen haakte ik af.

'Met die wetenschapper spreek je zo meteen. En wat die christelijke moraal betreft, ook wij worstelen daarmee. Ons niertransplantatieprogramma is genoemd naar een nieuwtestamentische parabel.'

Dat was me al opgevallen.

'Wat vind je van die naam?'

'U gebruikt een christelijke boodschap om voldoende nierdonoren te vinden, terwijl de christelijke partijen fatsoenlijke wetgeving over donatie alsmaar tegenhouden. Dat is gek. Bovendien gaat de parabel in essentie niet over naastenliefde, maar over de lafheid van de priesters.

'Wij twijfelen ook over de naam, maar we hebben nog geen geschikt alternatief gevonden. Als je een betere benaming weet dan houden wij ons aanbevolen... Praat daar zo dadelijk maar eens over met professor Brocken, hij is het vast en zeker helemaal met je eens.'

Zal ik doen.

'Door die tv-discussie werd je uiteindelijk getriggerd

om daadwerkelijk een nier af te staan. Fijn om te horen, want we hebben veel energie gestoken in die uitzending.'

Door die tv-discussie én door de ziekte van mijn vader. Hij heeft kanker. Genoeg mensen die ziek zijn, zijn nog wél te genezen. Daar wil ik een rol bij spelen.

'Je vader is dus niet meer te genezen?'

Helaas niet. De melanoom is naar binnen gegroeid en uitgezaaid naar alle uithoeken van zijn lijf. De tumoren ploppen als paddenstoelen tevoorschijn. Je staat machteloos en dat voelt... laat ik het maar gewoon zeggen: het voelt kut. Met het afstaan van een nier kan ik tenminste iets dóén, iemand hélpen.

'Het spijt me te horen dat het zo slecht gaat met je vader. Heb je met hem gesproken over het mogelijk doneren van een nier?'

Nog niet, maar dat komt nog wel. Voorlopig heeft hij genoeg aan zijn hoofd. Ik wacht het juiste moment af.

'Misschien is hij wel trots op je besluit.'

Dat denk ik ook.

'Voordat je daadwerkelijk een nier kunt afstaan, moet je een lang traject doorlopen. We voeren verschillende onderzoeken uit. Alleen als je voor de volle honderd procent gezond bent, mag je een nier doneren. Van de tien mensen die zich aanmelden, komt het in ongeveer de helft van de gevallen tot doneren. De rest valt af, hoofdzakelijk om medische redenen.'

De helft, dat is veel. Hoeveel donoren houdt u eigenlijk per jaar over?

'Te weinig. Het afgelopen jaar hebben we zo'n 25 donaties gehad. Dat leidde tot 31 transplantaties... Ik zie je kijken, 31 op 25? We willen je graag opnemen in ons programma *domino-paired kidney exchange*. Je maakt dan twee transplantaties mogelijk. De partner van de ontvanger staat namelijk ook een nier af aan een patiënt op de wachtlijst. Hij of zij wil namelijk wel een nier doneren, maar die past niet bij de partner. Welke bloedgroep heb jij?'

O-negatief.

'Perfect, een persoon met bloedgroep O noemen we een potentiële universele donor. Hij kan aan iedereen geven. Door de bloedgroep heen doneren kan veel complicaties opleveren... Verderop in het traject gaan we je bloed koppelen aan dat van mogelijke ontvangers. We kunnen via weefseltypering en kruisproeven onderzoeken hoe groot de kans is dat de nier wordt afgestoten.'

Hoeveel onderzoeken krijg ik eigenlijk?

'Je moet erop rekenen dat je verschillende dagdelen kwijt zult zijn voor onderzoek.'

Dan kan ik jullie buurman vaak bezoeken.

'Onze buurman?'

Boijmans van Beuningen. Een prachtig museum.

'Helemaal mee eens.'

Mooi. Welke onderzoeken kan ik zoal verwachten?

'Bloed en urine, bloeddruk, echo's, ecg, longen, cardiologie, kruisproeven, maatschappelijk werker, psycholoog, eens kijken, ben ik iets vergeten... ja, de MRI-scan, die doen we als laatste.'

Waarom, als ik vragen mag?

'Dat is veruit het duurste onderzoek. Je gaat een halfuur in de scan en wordt uitvoerig onderzocht met magnetische velden en radiogolven. Blijkt tijdens de eerste onderzoeken dat er iets niet in orde is, dan komen we niet toe aan de MRI-scan. Dat realiseer je je toch wel, dat we tijdens de routine-onderzoeken iets kunnen vinden waardoor je ineens zelf patiënt wordt?'

Nee, daar heb ik nog niet over nagedacht. Maar het lijkt me logisch dat er iets kan mankeren aan een van mijn organen. Maak maar zichtbaar.

'Dat zullen we zeker doen, want zoals gezegd kun je alleen maar aan ons programma deelnemen als je voor de volle honderd procent gezond bent. Dat is wettelijk zo geregeld. We moeten zo veel mogelijk risico's uitsluiten.'

Verzekeringstechnisch?

'Ook.'

Zorgvuldigheid verzekerd, ha ha.

'Daar kun je inderdaad op rekenen.'

En toch is de kans op overlijden één op de drieduizend. Kunt u daar iets meer over vertellen?

'De kans op overlijden is bij elke operatie aanwezig. De narcose brengt risico's met zich mee, en de operatie natuurlijk. Bovendien is er een reële kans op nabloedingen.'

Dat klinkt uitnodigend.

'Veel mensen staan niet stil bij de risico's, omdat er een medische noodzaak is voor de operatie. Zonder ingrijpen zullen zij veelal sterven. Maar voor jou is die noodzaak er dus niet – wetenschappelijk gezien dan.'

Wetenschap, ach, ik ben zelf ook academisch geschoold en ik weet dat het vaak niet meer is dan holle retoriek.

'Als ik vragen mag, wat is je beroep?'

Ik ben econoom en ik prostitueer mezelf.

'Pardon?'

Ik werk als freelance-journalist *slash* tekstschrijver.

'Ook dat neem je blijkbaar niet erg serieus... Wij nemen de wetenschap overigens wél serieus.'

Dat begrijp ik, maar ik blijf erbij dat het vaak holle retoriek is. Ik neem mijn werk overigens wél serieus.

'Ik ben het met je eens dat we niet overal een antwoord op hebben, maar we doen ons best. En dus gaan we je uitgebreid onderzoeken.'

Prima. Ik onderwerp me aan alle noodzakelijke onderzoeken.

'Ik zie dat je lacht...'

Een binnenpretje.

'Ik wil je er ook nog op wijzen dat de donor en de ontvanger anoniem voor elkaar blijven. Zowel vooraf als achteraf is er geen persoonlijk contact mogelijk... Weer een binnenpretje?'

Sorry, ik kan er niks aan doen. Ik krijg allemaal beelden en die zijn nogal komisch. Maar die anonimiteit lijkt mij logisch. Ik heb er geen behoefte aan om contact te hebben met degene die mijn nier ontvangt.

'Ik neem ook aan dat je weet dat er geen beloning tegenover staat. In Nederland mogen we niet betalen voor organen.'

Wat? Had ik dat eerder geweten!

'Hoezo, je dacht dus dat je geld zou krijgen voor–'

Dat lijkt me logisch. Hoeveel euro bespaart mijn donatie de gezondheidszorg wel niet?!

'Sorry, maar dat is niet mogelijk. Het spijt me dat je de indruk had dat–'

De indruk? Ik lees regelmatig in de krant dat een donor vele tienduizenden euro's krijgt van een zieke rijkaard. U denkt toch niet dat ik mijn nier afsta zonder beloning?

'In Nederland kan dat echt niet, sorry. Misschien dat er onderhands wat wordt geregeld, maar formeel mag het niet. Het spijt me–'

Had dat dan eerder gezegd, dat had mij een lange reis bespaard!

'Ik dacht–'

U dacht: hebben we weer een sukkel te pakken!

'Nee, nee–'

Ha ha, ik heb ú te pakken! Natuurlijk wil ik geen geld voor mijn nier. Hallo! Niet iedereen wil alleen maar krijgen, krijgen, krijgen. Ik vind het fijn om te geven, om te kúnnen geven.

'Je had me inderdaad tuk... Ik trap er met open ogen in... Ik was even bang dat je zou afhaken, we hebben al zo weinig donoren.'

Een gebbetje, moet kunnen.

'Niet veel mensen die ik hier ontvang, maken grappen over zo'n serieus onderwerp.'

Dat is jammer, in de humor zit de zuurstof van het leven – lees Camus. Maar even serieus, leveren de overledenen dan niet voldoende nieren op?

'Valt tegen. Ten eerste zijn er nog altijd veel te weinig

mensen geregistreerd als donor, ondanks *De Grote Donorshow* en verschillende campagnes. Ten tweede, alleen als de geregistreerde donor in het ziekenhuis sterft, zijn de organen eventueel bruikbaar om in te vriezen. Een orgaan kan niet lang zonder doorbloeding, het weefsel sterft snel af.'

Nu heeft u er dus een nier bij!

'Daar zijn we hartstikke blij mee. Maar zoals gezegd, eerst de onderzoeken. En nog een paar persoonlijke vragen, om het dossier compleet te maken... Wat is je persoonlijke situatie, ben je getrouwd?'

Alleenstaand, zonder kinderen, wel een geliefde.

'Hoe reageert zij op je wens om een nier af te staan?'

Zij is er niet blij mee. Volgens haar heb ik niet voor niks twee nieren gekregen.

'Dat klinkt als een probleem.'

Nee hoor, ik zal er uitvoerig met haar over praten, maar het zijn wel míjn nieren. Bovendien heeft zij wat moeite met geven, in alle betekenissen van het woord... Net als veel andere mensen, overigens. Misschien dat mijn actie haar aan het denken zet. We zullen zien.

'Je klinkt vastbesloten.'

Dat ben ik ook. Als ik me iets heb voorgenomen, dan houd ik me daar ook aan. Zonder daden zijn woorden niets waard.

'Ik zal je een dvd meegeven over nierdonatie. Misschien kun je die samen met je vriendin bekijken.'

Geliefde.

'Vriendin, geliefde, zit daar dan verschil tussen?'

Absoluut... Ik zal de dvd met haar bekijken.

'Volgens mij zijn wij voor dit moment klaar. Zo met-een heb je een gesprek met professor Brocken en daarna ga je nog even langs de bloedafname. Vervolgens kunnen we het traject opstarten. De vervolgafspraken ontvang je telkens per post. Als je nog vragen hebt dan kun je mij hier bereiken.'

Dank u voor de informatie. Het traject dat u schetst, voelt oké... Ja, het voelt goed.

'Dat is fijn.'

Misschien was ik tijdens ons gesprek een beetje te assertief, maar dat moet u niet persoonlijk opvatten.

'Dat viel best mee.'

Ik ben een beetje zenuwachtig, vandaar. Ik heb me goed voorbereid, want ik wil die nier graag doneren.

'Je wist er inderdaad bovengemiddeld veel van. Maar maak je niet ongerust, ik vond het een zinvol gesprek.'

2

één op de tweeduizend

(de professor)

'Je wilt dus een nier afstaan aan een voor jou onbekend persoon.'

Kunt u misschien iets harder praten?

'Je wilt een nier afstaan aan een onbekende?'

Inderdaad.

'Ik zie dat mevrouw Noordhoek een aantekening heeft gemaakt bij de naam van ons nierprogramma. Daar had je opmerkingen over?'

Die naam staat me eerlijk gezegd een beetje tegen. Veel te christelijk. Ik ben niet zo Bijbels ingesteld.

'Als je het goedvindt, houden we die naam toch maar even aan, bij gebrek aan een goed alternatief. Eens kijken... Ah, bloedgroep O, dat is goed, dat biedt de nodige perspectieven. Je weet dat het doneren anoniem gebeurt?'

Ja.

'Dat vind je geen probleem?'

Nee hoor.

'Je weet ook dat er risico's zijn verbonden aan de operatie? De kans op overlijden is één op de tweeduizend...'

Net was het nog één op de drieduizend. De risico's nemen per uur toe.

'Hoe bedoel je?'

Volgens mevrouw Noordhoek is de kans dat ik de ingreep niet overleef één op de drieduizend.

'Ach, één op de twee- of drieduizend, we weten het ook niet precies. Ergens daartussenin moet het liggen. Voor ons is de kans in elk geval acceptabel en ver beneden het gemiddelde. We hebben hier in Rotterdam bijna duizend niertransplantaties achter de rug, dus we weten inmiddels wat we doen.'

Daar ga ik van uit.

'De risico's zijn minimaal. Weet je trouwens welke standaardoperatie het hoogste risico met zich meebrengt?'

Hart?

'Stándaardoperatie.'

Blindedarm?

'Inderdaad. Eén op de tweehonderd patiënten overlijdt tijdens de operatie.'

Door de kans op springen, natuurlijk.

'Precies. Maar goed, je bent nu op de hoogte van de risico's. Laat die goed tot je doordringen. Over je motieven wil ik liever niet met je praten, die zullen vast en zeker zuiver zijn. Onze psycholoog zal zich daarover buigen.

Ik wil me beperken tot de medische kant van het verhaal.'

Motieven zijn zelden zuiver.

'Zoals gezegd laat ik die discussie graag over aan de psycholoog... De operatie. Tegenwoordig voeren we een kijkoperatie uit, waardoor de donor minder grote littekens overhoudt. De nier, meestal de linker, wordt losgemaakt met behulp van instrumenten en uiteindelijk verwijderd met een snee boven het schaambeen. Dat betekent dat je straks drie of vier kleine littekens van pakweg één centimeter op je buik hebt en een langere van een centimeter of acht ergens onder je navel. De operatie duurt drie à vier uur. Mogelijke complicaties zijn nabloedingen of een wondinfectie, maar de kans daarop is klein.'

Mijn linker nier gaat er dus uit?

'Die is het makkelijkst te verwijderen. Die ligt minder ingekapseld tussen andere organen.'

Maakt dat dan wat uit?

'In principe niet, maar het is wel handig als we goed bij de bloedvaten kunnen. Hoe beter we die kunnen omleiden, hoe kleiner de kans op lekken.'

Hoe lang moet ik eigenlijk in het ziekenhuis blijven?

'De meeste patiënten kunnen na een dag of drie alweer naar huis. Vervolgens moeten ze thuis nog een week of drie, vier herstellen en dan is alles normaal gesproken achter de rug.'

En hoe staat het met de risico's van leven met één nier?

'De risico's zijn enorm.'

Want?

'Je kunt bijvoorbeeld onder een auto komen, het vliegtuig kan neerstorten...'

Leven met één nier levert dus geen problemen op.

'Onze donoren hebben zelfs een hogere levensverwachting dan de gemiddelde mens.'

Hoezo dat?

'Relatief gesproken. We accepteren een donor alleen als hij of zij voor de volle honderd procent gezond is, vandaar. Het wegnemen van een nier is in dat geval vanuit medisch oogpunt geen enkel probleem. Met één nier kun je gewoon op dezelfde voet verder leven.'

Sporten?

'Alles blijft hetzelfde. Als je een marathon wilt lopen, dan loop je een marathon.'

En nierziekten?

'Een nierziekte manifesteert zich in vrijwel alle gevallen in het nierstelsel – en dus in beide nieren tegelijk. Je kunt pech hebben, maar die kans is met één nier even groot als met twee nieren.'

Duidelijk.

'Gebruik je medicijnen?'

Paroxetine.

'Hoe lang al?'

Ruim twaalf jaar.

'Dat kan niet, het medicijn bestaat hooguit vijf jaar.'

Ik slikte eerst Seroxat, daarna Paroxetine. Voor mij zijn alle antidepressiva één pot nat. Is het een probleem voor de donatie?

'Nee, dat hoeft geen probleem te zijn. De meeste mensen slikken één of meerdere medicijnen. Waarom slik je een antidepressivum, als ik vragen mag?'

Mijn hersenen remmen de heropname van serotonine. Zit in de genen.

'Nog meer erfelijke ziekten in de familie?'

Dat weet ik niet. Mijn opa's zijn beiden gestorven aan een hartaanval.

'Op hoge leeftijd?'

Nee, 54 en 61.

'Dat is jong. Ik zal een aantekening maken voor de cardioloog. Dat was het?'

Voor zover ik weet wel.

'Je wordt de komende maanden binnenstebuiten gekeerd. Dus als er iets niet in orde is, dan komen we dat vanzelf wel tegen... Word je hier zenuwachtig van?'

Nee hoor.

'Zeker weten? Je bent zo beweeglijk, op het onrustige af.'

Dat ben ik altijd, ook als ik thuis zit te lezen. Ik heb een onrustig hoofd en die onrust moet er blijkbaar uit. Mijn bewegen functioneert als een soort bliksemafleider, denk ik. De overtollige energie wordt zo afgevoerd.

'Maar goed dat je alleen woont...'

Hoezo?

'De secundaire bliksemschade kan enorm zijn, ha ha.'

Die moet ik onthouden! De secundaire bliksemschade kan enorm zijn... Dat is een goeie...

'Volgens mij zijn wij rond. Heb je nog vragen?'

Ja, ik heb nog wel een vraag... Ik zag u een tijd geleden in een televisieprogramma over nierdonatie. U discussieerde onder anderen met Antoine Bodar. Hij was volgens mij behoorlijk onder de indruk van uw verhaal. Hij leek op een bepaald moment te willen zeggen: u mag een van mijn nieren hebben. Hij gaf in elk geval aan er serieus over na te gaan denken. Hebt u hem na de uitzending nog gesproken?

'Natuurlijk niet. Die man is opgetrokken uit ijdelheid. Zijn er camera's in de buurt dan heeft hij een mening klaar. Zonder publieke aandacht bestaat die man niet.'

U kunt hem toch aan zijn belofte houden om een nier af te staan?

'Een belofte heeft hij niet gedaan, hij past goed op zijn woorden, hij is een raskatholiek, hè. De enige manier om van hem een nier te krijgen, is er een realityshow van te maken. Een cameraploeg die hem enkele maanden volgt.'

Een goed idee. Dat levert ook voor u publiciteit op en dus meer donoren.

'Vergeet het maar. Het aantal donoren is door *De Grote Donorshow* niet toegenomen. Sterker nog, in de medische wereld moeten we ons keer op keer verantwoorden voor het opportunisme van BNN. Een ziekte gebruiken voor amusement, dat doe je toch niet!'

Volgens mij was de intentie van BNN wel oprecht. In de geest van Bart de Graaff.

'Nee, oprecht is niet de goede kwalificatie... Maar wij wilden wel meedoen, want we kampen met een enorm tekort aan donoren. Voor ons was het programma een experiment. Weliswaar mislukt, maar het was het proberen waard. En wat die kleine Bart betreft... Nee, laat ik daar niks over zeggen. Met hem hebben we in het verleden genoeg te stellen gehad...'

Ik ben het niet met u eens dat het experiment is mislukt: ík ben er nu toch?

'Dat is waar, maar weet je wat die uitzending heeft gekost?'

Altijd dat gezeur over kosten.

'Ik las net dat je econoom bent. Dan begrijp je toch als geen ander dat alles om geld draait, ook in de medische wereld.'

Welke financiële kentallen worden aan een nierdonor gekoppeld?

'Een geslaagde transplantatie bespaart de samenleving ongeveer vijfhonderdduizend euro. De *domino-paired kidney exchange* levert dus een besparing van bijna een miljoen op.'

En daar krijg ik niks van?

'Nul komma nul.'

En terecht. We moeten weer leren geven. De kunst van het geven zijn we verleerd, christelijk of niet. Het eigenbelang regeert als nooit tevoren. Ik word er misselijk van.

'Gelukkig ben jij niet zo. En troost je, er zijn er meer van.'

Ach, de wereld kunnen we niet veranderen, dat weet ik ook wel. De mensen zijn zoals ze zijn, agressief en egoïstisch.

'We dwalen af en de volgende patiënt wacht...'

Afwalen is iets moois. Waarom mogen we niet afdwalen en moet alles altijd volgens het boekje gaan? Het verlaten van de lijn levert volgens mij meer op dan het simpelweg volgen ervan. Altijd dat kleuren binnen de lijntjes... Bovendien ben ik twee keer een half miljoen waard; een paar minuten afdwalen heb ik wel verdiend. Vindt u niet?

'Misschien kunnen we daar een andere keer over verder praten, maar ik moet me nu aan mijn schema houden. De patiënten rekenen op mij.'

Er schiet me nog één vraag te binnen... Er zijn landen waar in groezelige achterafstegen regelmatig een halfdode wordt gevonden, in een plas bloed, de buik opengesneden. De nier gaat vervolgens voor grof geld naar een zieke rijkaard, veelal in het buitenland. Komen die nieren ook in Nederland terecht?

'Ik moet het gesprek beëindigen, de volgende patiënt wacht.'

Oké.

'Zullen we de onderzoeken in gang zetten of wil je er nog even over nadenken?'

3

luis-te-ren

(de geliefde)

vrijdag 20 maart 2009, 19.25 uur

'En, hoe was het gisteren in het ziekenhuis?'

Laat me even gaan zitten... Zo... Het ging eigenlijk best wel goed. Ik heb twee gesprekken gevoerd. Eerst met een lange vrouw van middelbare leeftijd, daarna met een kleine, cynische professor. Een mooi stel. En ik heb bloed laten prikken.

'Deed het pijn?'

Nee hoor.

'Heb je ook over mij gepraat?'

Hoezo?

'Je hebt toch zeker verteld dat ik ertegen ben. Daar zullen ze toch wel naar gevraagd hebben?'

Ik heb het even aangestipt, maar daar kunnen ze niks mee, het gaat om mijn beslissing.

'Daar geloof ik niks van. Heb je de hele situatie uitgelegd?'

Waarom zou ik?

'Dan snappen ze waarom ik ertegen ben.'

Sanne, de gesprekken gingen over mij, niet over jou...
Niet alle gesprekken kunnen over jou gaan. Of je had
mee moeten gaan.

'Waarom zou ik meegaan als ik ertegen ben?'

Om mij te steunen bijvoorbeeld?

'Als je ze mijn achtergrond had verteld dan waren ze
het vast en zeker met mij eens geweest.'

Dat betwijfel ik. Ze zijn blij met elke donor. Daarmee
kunnen ze twee levens redden. De protocollen zijn niet
meer dan een gordijn om hun opportunisme te verbergen. En terecht, het gaat hier om levens.

'En mijn leven dan, is dat niet belangrijk? Met alle el-
lende die ik achter de rug heb... Ik blijf je beslissing on-
verantwoord en egoïstisch vinden.'

Ik vind het gewoon fijn om te geven. Jij noemt dat
egoïstisch, dat mag.

'Je begrijpt heus wel wat ik bedoel. Het gaat toch niet
alleen om jou?'

Daarom juist. Ik wil geven. Liefde, geld, maakt niet
uit. Ik heb de afgelopen twee jaar veel gegeven en jou alleen maar zien nemen. Terwijl jij heel veel hebt om te geven, en dan niet alleen in materiële zin...

'Ja, begin daar maar weer over. Flauw hoor. Ik leef gewoon zuinig en daar is niks mis mee.'

Begin dan niet over mijn levenswijze te zeuren. Je lijkt
soms wel een wolvin van de hebzucht. Als ik iemand kan
helpen, dan doe ik dat. Punt.

'Met als gevolg dat je spaarrekening nagenoeg leeg is!'

Nou en? Geld is een middel, geen doel. Jij bent verschrikkelijk rijk en toch heb ik je er nog nooit op kunnen betrappen dat je iemand iets gaf. Ja, je zoon mag om de twee maanden met vakantie... Nog nooit, nog nóóit heb ik je geld zien geven aan een zwerver. Nóg nóóit. En dan neem je mij kwalijk dat ik dat wel doe. Hallo!

'Mijn geld is van mij. Ik bepaal wat ik daarmee doe.'

En mijn nieren zijn van mij!

'Je doet maar. Als je maar weet dat ik je gedrag onvolwassen vind. Straks krijg je een of andere ziekte aan je nier en dan ben ík de pineut.'

Vooruit, we gaan het weer over jou hebben. Het werd eens tijd. Over mijn ervaringen in het ziekenhuis hebben we nu wel lang genoeg gepraat. Ja, als ik straks problemen krijg met de overgebleven nier, dan heb jíj een probleem. Misschien moet ik mijn nier dan toch maar niet afstaan. Laat die mensen op de wachtlijst maar creperen, want mijn geliefde maakt zich zorgen over haar toekomst.

'Ja, maak me maar weer belachelijk.'

Je maakt jezelf belachelijk. Ik begin te vertellen over mijn ervaringen in het ziekenhuis en meteen schakel jij over op jezelf. Zoals zo vaak.

'Dat is niet waar. Ik mag toch wel bezorgd zijn over jouw gezondheid. Je bent mijn vriend.'

Je bent niet bezorgd over mijn gezondheid. Hooguit als mogelijke bedreiging van jóúw welzijn. Zo gaat het altijd. Ik begin over iets en jij neemt het over. En de uitkomst is altijd dezelfde: Sánne.

'Ook dat is niet waar.'

Jij hebt ontzettend veel aandacht nodig. Alle gesprekken weet jij om te buigen naar jouw leven. Toen ik ontslag nam bij Textuur had je het vrijwel meteen over de onzekerheid die het voor jóu betekende. Als ik last heb van een depressie, dan kan ik jouw troost totaal vergeten. Je blijft dan voortdurend begrip vragen voor hoe moeilijk het wel niet voor je is en dat ik daar oog voor moet hebben. Dat ik in zo'n situatie word overvallen door chaos in mijn hoofd en rust en positieve aandacht nodig heb, dat gaat totaal aan jou voorbij. Het gaat steeds over Sanne.

'Misschien moet je dan maar met mij stoppen.'

Daar denk ik ook serieus over na. Ik ben bezig met een van de belangrijkste beslissingen in mijn leven en wéér sta ik er alleen voor. Het enige wat jij doet is aandacht vragen, aandacht vragen en nog eens aandacht vragen.

'Ik ben een monster, is dat wat je wil zeggen?'

Je bent geen monster, maar door wat jou is overkomen ben je getraumatiseerd. Het lijkt wel of je empathie is verdwenen. Je hebt moeite om te associëren met de gevoelens van een ander.

'Onzin. Met mijn empathie is niks mis.'

Zal ik nog een voorbeeld geven?

'Vind je het leuk om mij weg te zetten als een psychiatrisch patiënt?'

Ik wil je juist hélpen. Ik hou van je. Ik zeg dit helemaal niet om je te pesten. Maar volgens mij ben je flink beschadigd door wat jou is overkomen en heb je hulp nodig. Kijk nu toch eens hoe je reageert. Je raakt volkomen de kluts kwijt.

'Ik denk dat jíj hulp nodig hebt. Wíe laat er een nier weghalen en geeft die aan een onbekende?'

Ik.

'En dan noem jij míj gek?'

Ik heb je helemaal niet gek genoemd. Ik zeg alleen dat je volgens mij psychisch beschadigd bent door wat er is gebeurd en dat–

'Mijn vriendinnen vinden het ook gek dat jij zomaar een nier afstaat, als je het per se wilt weten. Ook dáár heb ik mee te maken. Jij laat het natuurlijk weer van je afglijden... Bovendien ben ik moeder.'

Zullen we maar met dit gesprek stoppen? Je gebruikt weer je moederschap als scherm.

'Mijn zoon is geen scherm.'

Vertel mij wat. Maar je gebruikt hem wel op die manier.

'Dit slaat nergens op.'

Het lukt me opnieuw niet om over mezelf te praten, terwijl daar volgens mij voldoende aanleiding toe is. Ik zal het wel met anderen over mijn ervaringen van gisteren hebben.

'Je kunt heel goed met mij over het ziekenhuis praten, maar je moet niet verwachten dat ik het met je beslissing eens ben.'

Lukt het je dan om te luisteren, zonder steeds tussendoor te vertellen wat jij ervan vindt? Lukt dat?

'Natuurlijk lukt mij dat.'

Oké. Eerst sprak ik met de coördinator van het programma en die wees mij erop dat de kans op overlijden één op de drieduizend is. Het grappige is dat de professor het even later had over één op de tweeduizend–

'En dat vind jij om te lachen? Dat is toch niet normaal! Je gaat je leven toch niet op het spel zetten?'

Je zou luisteren...

'Maar het risico is toch veel te hoog–'

Luis-te-ren...

'Ga maar door dan, als het zo belangrijk voor je is.'

Allebei benadrukten ze dat ik geen vergoeding krijg voor mijn donatie. Dat wist ik natuurlijk al, maar ik vond het leuk om ze even te pesten met–

'Typisch weer iets voor jou. Gaat het over geld, dan moet je weer de clown uithangen. Voor andere mensen kan geld wél belangrijk zijn, daar moet je ook eens rekening mee houden. Als je het mij vraagt, laat je die nier alleen maar weghalen uit dwarsheid. Lekker tegen de stroom in gaan.'

Ik stop. Je kunt gewoonweg niet luisteren.

'Ik kan héél goed luisteren. Ik hoor dat jij je leven graag op het spel zet en dat je een hekel hebt aan geld.'

Ik heb helemaal geen hekel aan geld. Ik vind het alleen geen probleem om het uit te geven.

'Is dat leuk voor mij?'

Nu moet je eens goed luisteren. Als jij eens wat royaler zou zijn, dan verdween jouw constipatie als sneeuw voor de zon. Geven is loslaten.

'Ik geef genoeg.'

O ja? Vorig jaar. Mijn ouders wilden verhuizen naar een appartement, gelijkvloers. Bij mijn vader was kanker ontdekt. Hij wilde graag kleiner gaan wonen, zodat hij zo lang mogelijk thuis kon blijven wonen en mijn moeder na zijn overlijden... et cetera. Ze kwamen geld tekort voor de hypotheek. Ik heb ze vrijwel mijn gehele spaargeld gegeven. Geen probleem. Een paar weken later wilde je met mij op vakantie. Ik had daar geen geld meer voor. Je weigerde om mijn aandeel te betalen of voor te schieten, dus bleven we thuis. Terwijl je bulkt van het geld.

'Ik vind dat iedereen zijn eigen vakantie moet betalen.'

Sanne, ik heb mijn ouders uit de brand geholpen. Bovendien, je zoon heeft nog nooit een vakantie zelf betaald!

'Met mijn zoon heb jij niks te maken... En ik vind dat je de laatste tijd wel erg veel met je vader bezig bent. Toen mijn ouders gingen sterven, verdeelden mijn zussen en broers de taken. Zo hoort het ook.'

Jullie waren met zijn vijven, ik ben met mijn broer alleen. En je weet hoe moeilijk het gaat tussen mijn vader en Vic. Mijn vader is hoofdzakelijk op mijn moeder en mij aangewezen. Bovendien kan ik het goed met hem vinden en wíl ik hem ook helpen. Dat je daar kritiek op hebt, ongelofelijk...

'Je neemt veel te veel hooi op je vork. Straks ga je onderuit en dan kan ík voor je zorgen.'

Sanne, wees maar niet ongerust, jij hoeft nóóit voor mij te zorgen, dat doe ik zelf wel. Jij kunt rustig naar je schilderclubjes gaan en je gezellige vriendinnen bezoeken. Ik snap dat je bezorgd bent dat je in je vrijheid wordt beperkt, maar dat is niet nodig. Ik kan prima voor mezelf zorgen, ook met één nier.

'Je doet nu net alsof ik altijd weg ben.'

Ja, je bent bijna altijd op stap. Bang dat je iets mist. En laat alsjeblieft niets daartussen komen, want dan wordt mevrouw kribbig... Laat me even uitpraten. Wat je is overkomen weten we nu wel, maar dat kun je niet eeuwig als excuus gebruiken om met veel grandeur van het leven te genieten. Je bent een relatie met mij aangegaan en daar horen ook verantwoordelijkheden bij. En die pak je niet op. Het is zelfs al zo erg dat als ik ziek ben, ik dat niet aan jou laat weten. Het chagrijnig zuchten omdat jij daardoor wellicht een afspraak misloopt, kan ik niet meer verdragen. Laat staan de vernedering die ik daarbij voel.

'Moet ik nu medelijden met je hebben?'

Dat moet helemaal niet, maar ik hoop het toch een keer mee te maken... En laten we niet vergeten dat dit gesprek begon met mijn bezoek aan het ziekenhuis en dat we het nu alweer een halfuur over jou hebben.

'Je had bij die gesprekken ook duidelijk moeten aangeven hoe ik erin sta. Wedden dat ze je dan niet als donor zouden accepteren?'

Ga de volgende keer dan maar mee.

'Geen sprake van.'

Zie je nu niet in hoe dwars je reageert?

'Ik ben helemaal niet dwars. Ik ben realistisch. Jij zet je leven op het spel voor iemand die je niet kent en je eigen vriendin neem je niet eens serieus.'

Ik ga naar huis. Ik heb een zware dag achter de rug en

heb geen zin in gezeik. Je bent onredelijk.

'Ik ben helemaal niet onredelijk.'

Dan ben je niet onredelijk. Toch ga ik naar huis.

.

4

ik heb een keer geoefend

(de vader)

Wat een oud ziekenhuis.

'Dat stoort mij niet.'

Mij ook niet, maar het viel me wel op... De uitslag viel tegen...

'Het is niet anders, jongen.'

Nee.

'Je moeder zal straks wel schrikken.'

Dat denk ik ook. Laten we het maar niet te dramatisch maken.

'Zo dramatisch is het ook niet. Ik ben vader geweest, opa, de cirkel is rond. Een paar jaartjes erbij zou mooi zijn geweest, maar dat zit er blijkbaar niet in.'

Ik hoop dat je nog een paar goede maanden hebt... Volgens mij schrok zelfs de chirurg van het aantal uitzaaiingen en–

'Heb je dat ook gezien? Hij wist niet wat hij moest zeggen. Merkte je dat hij me niet goed durfde aan te kijken? En dan die... Heb je de rolstoel wel meegenomen?'

Rustig maar, natuurlijk heb ik die ingeladen. Maar je wilde iets zeggen.

'Ik weet het niet meer... Mijn hoofd lijkt wel leeg...'

Dat kan ik me voorstellen. Volgens mij wilde je iets vertellen over Van der Bijl.

'Ja, hij schrok hè? Hij durfde me niet aan te kijken. Dat ziet hij natuurlijk niet vaak dat er in een maand zoveel tumoren bij zijn gekomen.'

Je lijkt er wel trots op.

'Het is gewoon gek om te zien hoe je lichaam in zo'n korte tijd kan uitmergelen.'

Dat kan ik me voorstellen. Ben je verdrietig?

'Nee. Leeg.'

Probeer die leegheid eens te beschrijven, of vind je dat vervelend?

'Nee, helemaal niet. Het voelt eigenlijk niet onprettig... alsof niks meer moet... vrij, ja het voelt als... vrijheid... een beetje een zweverig gevoel... Ik zie een kudde herten voor me en die dieren stuiven opeens alle kanten op – en ik vlieg mee, met alle herten...'

Een mooi beeld.

'Het voelt ook goed.'

Je krijgt net te horen dat het binnenkort einde oefening is en je voelt je goed, gek hè?

'Ja, dat is zeker gek. Maar ik voel me toch echt licht en vrolijk.'

Ik hoop dat je dit gevoel tot het einde toe kunt vasthouden... Zo erg is het toch ook niet om dood te gaan. Je ouders zijn dood, veel van je vrienden, iedereen moet sterven... Misschien lukt het je om er iets van te maken. Je gaat maar één keer dood. Die kans moet je grijpen. Daar moet je iets van maken. Zeker na zo'n geslaagd leven als dat van jou.

'Vind je mijn leven geslaagd?'

Dat lijkt me wel, ja. Je laat geen problemen achter, geen schulden, geen ruzies, je hebt in je leven veel voor anderen betekend...

'Zo geweldig was het allemaal nu ook weer niet.'

Dat kan toch ook niet anders? Maar kijk eens om je heen. Hoeveel families in je omgeving zijn door ruzies uit elkaar gevallen? Wat dat betreft heb je het goed gedaan.

'Behalve met je tweelingbroer...'

Dat is niet waar. Je hebt na zijn scheiding samen met mamma voor de kinderen gezorgd. Daar heb je hem en de kinderen mee geholpen. Anne en Roel komen ook graag naar je toe. Nou, dan heb je het behoorlijk goed gedaan als je het mij vraagt.

'Dank je wel, zoon. Dat vind ik fijn om te horen.'

Nee, jij dank je wel. Jíj hebt het gedaan.

'Rijd anders maar terug via de weg van Brunssum naar Kerkrade, ik wil nog eens langs de discotheek rijden waar ik als jongen naartoe ging. Samen met Mai Weelen, op de fiets...'

Ging jij vroeger in Brunssum uit? Dat wist ik helemaal niet.

'Mai en ik hadden daar een vriendinnetje. Anderhalf

uur op de fiets, midden in de nacht terug. Tot ik erachter kwam dat die van mij al een vriend had. Toen zijn we niet meer gegaan... Kijk, daar rechts, nu is het een café...'

Ik dacht dat mamma je eerste vriendin was?

'Ze hoeft niet alles te weten... De gevel is nog intact... Ja, dat was een mooie tijd...'

Zie je ertegen op, om afscheid te nemen van ons, van alles?

'Ik weet het niet. Sinds ik ziek ben, ben ik er al mee bezig. Maar nu het zo dichtbij komt... Nee, ik denk dat het me wel zal lukken. Bovendien heb ik een keer geoefend.'

Geoefend?

'Ja, bij mijn laatste narcose stelde ik me voor dat ik ging sterven. En dat ging vrij gemakkelijk. *Zoefff.*'

Goed om te horen, ha ha, een hele geruststelling... Het lijkt me ook wel fijn om bewust afscheid te kunnen nemen. Dat is niet iedereen gegeven.

'Dat besef ik maar al te goed.'

Maak er maar wat moois van.

'Ik ben ook blij dat ik deze fase mag meemaken... Als ik mijn eigen lijf in de spiegel bekijk, dan blijf ik me verbazen. Dat je zo kunt aftakelen. Eigenlijk vind ik dat fascinerend, niet eng. Mijn benen zijn net luciferhoutjes.'

Je vindt het dus interessant om je lichaam te zien afsterven. Bijzonder...

'Zeg dat zo meteen maar niet tegen je moeder. Die kan niet zo goed relativeren, die begrijpt zoiets niet.'

Volgens mij valt dat wel mee. Je moet haar niet onderschatten. Ik denk dat het goed is om haar er juist zo veel

mogelijk bij te betrekken en het samen positief te benaderen. Je moet ook haar toelaten, want zij blijft straks
achter. Je moet haar de kans geven om je te helpen.

'Je moeder zal wel snel een ander hebben.'

Waarom zeg je dat nou? Ga nu niet in een underdog-
positie zitten. Je weet dat ze daar helemaal niet op zit te
wachten. Jullie zijn bijna vijfenveertig jaar samen. Probeer positief te blijven. Een slachtoffer heeft alleen maar
iets te verliezen. En je zei net dat je een vrij gevoel hebt,
of is dat alweer verdwenen?

'Nee, de opluchting neemt toe. Ik heb me lang niet zo
fijn gevoeld. Alsof de dag een cadeautje is. Ik zit in de extra tijd en daarin hóéft niets meer... Straks zal ik John Sie-
ler eens bellen om te vertellen dat ik uitbehandeld ben,
die snapt er natuurlijk niks van dat ik zo kalm blijf, ha
ha...'

Ik denk dat je iederéén zult verbazen. De meeste mensen krijgen medelijden met zichzelf en kwijnen weg.
Dat is niks voor jou, daar is jouw persoonlijkheid te sterk
voor.

'Nu overdrijf je.'

Kijk nu eens naar jezelf, hoe jij al bijna twee jaar omgaat met de kanker. Ik denk dat anderen daar hun petje
voor afnemen.

'Misschien wel, ja...'

En je staat er niet alleen voor. Mamma en ik zullen
goed voor je zorgen, zodat je thuis kunt sterven, met de
hond naast je...

'Dat zou mooi zijn. Daar verheug ik me zelfs een beetje op, als ik eerlijk ben... We moeten wel snel de eutha-

nasie regelen, want ik wil er op tijd bij zijn. Mijn laatste daad moet goed zijn.'

En die zal ook goed zijn. We zorgen ervoor dat je leven in stijl eindigt, dat de mensen met respect over je praten. Afgesproken?

'Afgesproken.'

Zie ik daar tranen in je ogen?

'Ik voel me zo raar... geen verdriet... eerder van opluchting...'

Denk je ook wel eens na over de uitvaart?

'Regelmatig... Ik wil geen onechtheid. Daar moet jij voor zorgen, zoon. Een sobere uitvaart zonder poespas. En een bidprentje zonder tekst. En boven de advertentie in de krant een uitspraak van Alexander von Humboldt. *Man darf die Erde nicht etwas wegnehmen was man nicht zurückgeben kann.* Hoe vind je die tekst?'

Die past wel bij je.

'Goed hè. Wat zullen ze opkijken.'

En natuurlijk muziek van de Bläck Fööss...

'Ja, als laatste, *Drink doch eine mit.*'

Het wordt een gezellige koffietafel.

'Jullie moeten wel een biertje op me drinken. Maar het moet niet te veel geld kosten. Je moeder zal het financieel al moeilijk genoeg krijgen.'

Hallo! Vic en ik zijn er ook nog. Maak je maar niet ongerust over mamma, dat komt allemaal goed. Waar hebben we het eigenlijk over...? Het gekke is dat het eigenlijk helemaal niet vervelend voelt om het over je dood te hebben.

'Ik had daar ook graag met mijn vader over gesproken.

Die was dood voor ik er erg in had. Hij zakte neer en...
weg. Bij zijn eerste bezoek aan de ouders van je moeder.'

Dus hij had die avond voor het eerst kennisgemaakt
met oma en opa Heerlen?

'Ja, en op weg terug naar Kerkrade overleed hij, op het
station in Heerlen.'

Dat wist ik helemaal niet. Wat dramatisch...

'Alles ging zo snel. Nee, dat was geen mooi einde...
Misschien wel voor hem, maar niet voor ons, voor mijn
moeder...'

Moet ik nog een omweg maken? Nog ergens langsrij-
den, nu we toch bezig zijn? Ik vind het wel leuk als je over
vroeger vertelt.

'Ja, rijd maar via Chèvremont en Strijthagen naar huis.
En niet te hard, want ik wil de beelden goed in me opnemen. Ik kom daar nooit meer... Je weet waar je me moet
uitstrooien, hè?'

Ja, je hebt het me aangewezen. Op de meter nauwkeurig.

'En vergeet de hond niet!'

Wees maar niet ongerust. Jullie as wordt samen ver-
strooid. Precies op de plek die je hebt uitgekozen.

'Ha, lig ik straks lekker met Oskar alleen in het veld.
Een mooi vooruitzicht. Een heel mooi vooruitzicht...'

Dat is het zeker. Op je lievelingsplek, samen met je
beste vriend... Zal ik zo meteen door de Lichtenbergstraat
rijden?

'Ja, doe maar. Nog één keer langs mijn ouderlijk huis.'

Denk je nog vaak aan die tijd?

'Elke dag. Ik heb hier moeilijke tijden meegemaakt.'

Je bedoelt de oorlog, toen je ouders vastzaten?

'Ja, maar toch heb ik er altijd graag gewoond... Ook daarna...'

Pap, ik wilde je ook nog iets vertellen.

'Jij bent hier toch ook altijd graag gekomen. Of niet?'

Zeker. Maar ik wil je iets zeggen.

'Ja, ja...'

Ik heb besloten om een nier af te staan, aan een zieke patiënt.

'Wat zeg je? Rijd maar via het kapelletje, vanaf die kant is de straat mooier.'

Ik kwam altijd graag bij oma. Met de hele familie eten aan de grote tafel en dan buiten spelen, de berg af naar de kinderboerderij.

'Als kind heb ik daar ook veel gespeeld. Mooie tijden waren dat. Met de katapulten vechten tegen de jongens uit Haanrade... Toen kon dat nog. Niemand klaagde om een bult of een snee. Dat hoorde er gewoon bij, daar werd je hard van.'

Die tijd heb ik ook nog wel gekend.

'Ja, jullie konden ook nog echte jongens zijn. Maar tegenwoordig...'

*

Wacht, ik pak eerst de rolstoel.

'Ik kan best zelf lopen.'

Niks daarvan. Straks val je en breek je iets. Thuis sterven kun je dan wel vergeten.

'Oké, oké.'

Zo... Steun maar op mij... en nu zitten... Zo, ja.

'Ik ben benieuwd naar de reactie van je moeder.'

Daar hebben we zelf invloed op. We moeten het niet te dramatisch maken. Het is lekker weer, zullen we eerst nog een blokje om lopen?

'Nee, ik wil niet dat de mensen me zo zien. En ik ben moe... Rij me maar naar het ligbed in de tuin. Kan ik een uurtje rusten.'

Dan duw ik je naar boven... Gaat het?

'Duw maar. Duw maar.'

Rustig.

'Die afhankelijkheid vind ik maar niks. Ik kan best nog zelf de trap op lopen.'

Niet zo eigenwijs. Kijk, mamma staat al achter het raam te wachten.

'Ze kijkt niet vrolijk.'

Vind je het gek?

'Zoon... dat met die nier... dat is goed.'

5

de perfecte zelfmoord

(de vriend)

donderdag 11 juni 2009, 22.00 uur

'Hoe gaat het met je vader?'

Slecht. Overmorgen vertrek ik weer naar Limburg en dan blijf ik tot hij sterft.

'Pff, zwaar zeg...'

Ik probeer hem te helpen. De rollen zijn nu omgedraaid. Hij is een beetje mijn kind geworden... Maar goed, hij gaat dus binnenkort dood... Ach, ik ben niet zo bang voor de dood.

'Kijk je er nog altijd zo naar uit? Zo lang als ik je ken, lijk je te verlangen naar de dood. Ik word altijd een beetje bang als ik met je praat.'

Bang?

'Misschien is dat wat overdreven. Ongemakkelijk is een beter woord.'

Waar word je dan precies ongemakkelijk van?

'Je hebt het vaak over dood en over zelfmoord. Hoe je dat zou kunnen doen en zo... En je kijkt er altijd zo vrolijk bij.'

Ik word er ook vrolijk van. Ik kan er ook niks aan doen, het komt vanzelf. Misschien ben ik een romanticus, ik weet het niet. De dood trekt mij nu eenmaal aan. Als een magneet. Ik heb op de een of andere manier regelmatig de behoefte om mijn leven af te ronden.

'Ik kan me daar niks bij voorstellen... Het lijkt me vreselijk om dood te gaan.'

Waarom? Iedereen gaat toch dood. Je bent toch ook niet bang voor je verjaardag?

'Ik ben er echt verschrikkelijk bang voor. Ik probeer er niet aan te denken.'

Je verjaardag?

'Wat denk je?'

Eric-Jan, wen eraan. Je moet er wel op voorbereid zijn als het zover is.

'Ik heb nog even, mag ik hopen.'

Je weet het niet. Bovendien heb je nu last van de angst ervoor. Dat gevoel neem je elke dag met je mee. Die energie kun je beter gebruiken, lijkt mij. Omarm de dood en je bent een stuk vrijer.

'Nee, dat wil ik niet... Heb je die grafsteen nog in je huis staan?'

Uiteraard.

'Tja, voor mij ligt het blijkbaar allemaal een stuk gevoeliger. Is je vader bang voor de dood?'

Nee. Ik heb het vermoeden dat hij er klaar voor is. Het is mooi geweest. Hij is echt op, zijn lichaam is al nagenoeg dood... Gelukkig kan ik er met hem op een ontspannen manier over praten. We hebben samen zijn euthanasie geregeld en de hele uitvaart besproken. Nee, bang is hij niet.

'Zie jij ertegen op?'

Tegen de dood van mijn vader? Tegen het sterven niet. Ik ben wel benieuwd hoe dat verloopt, maar ik zal hem wel missen... Ik probeer daar niet te veel bij stil te staan, want ik wil hem helpen. Zelfmedelijden kan ik nu niet gebruiken. En hij al helemaal niet.

'Ik krijg kippenvel als ik eraan denk...'

Je bent een watje... Iets anders. Hoe ziet de perfecte zelfmoord eruit?

'De perfecte zelfmoord? Ik zou het niet weten.'

Denk eens na.

'Is dit een mop of zo?'

Nee, een serieuze vraag.

'De perfecte zelfmoord...? Als het in één keer lukt?'

Nee.

'Ik weet het niet... Zeg het maar.'

Doe eens beter je best.

'Al sla je me dood.'

Als de nabestaanden niet in de gaten hebben dat het zelfmoord is! En nog mooier wordt het als het je lukt die zelfmoord zo te ensceneren dat je een held bent. Dat je de nabestaanden maximale troost geeft. Natuurlijk zijn ze eerst verdrietig, maar al snel komt de trots opzetten. Dát is de perfecte zelfmoord!

'Dat lijkt me onmogelijk.'

Natuurlijk niet.

'Hoe wil je dat dan doen? Iemand uit het water redden en dan zelf verdrinken? Of net te laat wegspringen voor een auto, nadat je een kind hebt weggeduwd?'

Nee hoor, het kan allemaal veel geraffineerder.

'Je maakt me wel nieuwsgierig.'

Ik... Beloof me dat je het aan niemand vertelt. Nóóit. Beloof je dat?

'Doe niet zo geheimzinnig.'

Je moet het me beloven!

'Vooruit dan.'

Je lacht, je neemt me niet serieus.

'Sorry, ik voel me een beetje ongemakkelijk. Je maakt me nieuwsgierig, man.'

Beloof me dat wat ik je vertel tussen ons blijft. Ik heb het nog aan niemand verteld. Jij bent de eerste – en misschien wel de laatste...

'Ik beloof het.'

Eerst een biertje halen. Jij ook nog een? Het is trouwens niet druk voor een donderdagavond.

'Doe nog maar een vaasje.'

*

Gezondheid.

'Ja, proost!'

Op de perfecte zelfmoord!

'Ik ben benieuwd.'

Goed, de perfecte zelfmoord dus... Ik doneer een nier!

'Huh?'

Daar kijk je van op, hè?

'Niet echt, bij jou kan ik van alles verwachten. Maar ik zie de link niet met zelfmoord.'

Met de perfécte zelfmoord.

'Ik kan je echt niet volgen.'

De kans op overlijden is één op de tweeduizend. Er is dus een reële kans dat ik op de operatietafel overlijd... Terwijl ik wel een leven red. Tada!

'Ben je nu helemaal gek geworden? Je gaat toch geen nier afgeven omdat er een kans is dat je overlijdt?'

Waarom niet?

'Dit slaat nergens op. Je speelt met je gezondheid.'

Ik speel helemaal niet met mijn gezondheid. Met één nier kun je zonder beperkingen leven. Dus, mocht ik het overleven, en die kans is 1999 op de 2000, dan is er niks aan de hand. Behalve dat ik iemand heb geholpen – en dat lijkt me niet echt een probleem. Twee mensen zelfs, want ik zit in een programma waarbij blablabla... Je kijkt kwaad?

'Ik word hier ook kwaad van. Volgens mij moet je snel contact opnemen met een psychiater. Dit is ziek!'

Ziek? Ik doe toch niemand kwaad? Sterker nog, ik help iemand. Moet ik dan een doosje pillen slikken of een pistool tegen mijn slaap drukken?

'Je bent in de war. Of je belazert de boel–'

Ik belazer helemaal niemand, hooguit mezelf... Eric-Jan, iedereen gaat dood. Maar wie is het gegeven om als held te sterven en daarbij iemand te helpen? Ik heb lang nagedacht over de perfecte zelfmoord en dit komt het meest dichtbij, vooral praktisch gezien. Een nier is het enige orgaan dat een levend persoon mag doneren – en een stukje lever, vooruit. De noodzaak is bovendien hoog, want de wachtlijst is enorm. Er is een groot tekort aan nieren, dus bij de specialisten regeert het opportunisme. En vergeet niet: veel van die mensen die op de wachtlijst staan, wíllen leven. Een prima ruil toch? Alleen maar winnaars.

'Als je zo graag mensen wilt helpen, dan kun je toch beter blijven leven. Misschien red je dan meer dan één persoon.'

Jij wilt ook mensen helpen, iedereen wil mensen helpen, maar jij doet het niet, zij doen het niet, ik doe het niet... Het leven is te agressief aanwezig, de speelruimte is beperkt. Ik heb er lang over nagedacht hoor. Ik heb toch niet de plicht om te leven?

'Denk er nog maar eens wat langer over na.'

Luister, misschien genezen depressieve mensen wel als ze een nier afstaan. Werkt dat psychisch door. Het lijkt me een zinvol experiment.

'Deze waanbeelden komen niet door de ziekte van je vader?'

Ach jongen, ik denk hier al bijna twintig jaar over na. Ik kan niet aan mijn genen ontsnappen.

'Ik vind je behoorlijk hypocriet. Als je je moeder geen verdriet wilt aandoen, moet je überhaupt geen risico's nemen.'

Heb je goed geluisterd? Mocht ik sterven, dan is dat als een héld. Welke moeder wil dat nu niet? Het verdriet is dan met goud omrand. Haar zoon is een martelaar. Bovendien zal dat verdriet slijten, dat heb ik van dichtbij meegemaakt, maar de glorie neemt in de tijd alleen maar toe. De perfecte zelfmoord.

'Ziek.'

Ach. De een springt met een parachute uit een vliegtuig, de ander gaat bermbommen planten in Uruzgan, ik doneer een nier. De kans op overlijden is even groot. Alleen hoef je voor dat springen geen verantwoording af te leggen.

'Spring dan uit een vliegtuig!'

Dat is geen heldendaad, dat is stom. Niemand die er iets aan heeft. Wist je trouwens dat de kans op overlijden bij zwangerschap nog groter is – *la petite mort*, *indeed*. En toch laten vrouwen zich massaal bezwangeren.

'Ze willen nieuw leven schenken.'

Ik schenk oud leven.

'Maak er maar wat van... Zo perfect is je plan overigens helemaal niet. Eén op de tweeduizend? Ga er maar van uit dat je blijft leven.'

Dat is dan prima. Ik heb dan iemand gered, dat voelt ook goed. Bovendien is er dan toch een deel van mij verdwenen. Misschien verdwijnt mijn doodsverlangen hierdoor wel, wordt mijn honger gestild. *Le petit suicide*, ha ha...

'Dat je hierom kunt lachen. Triest hoor. Je neemt gewoon iedereen in de maling.'

Nou en? Bekijk het eens van een hoger abstractieniveau. Wat stelt deze actie nu in godsnaam voor? Het ene kruimeltje helpt een ander kruimeltje en gaat daarbij misschien dood. Lekker belangrijk... Nee, laat me even uitpraten. We nemen onszelf toch veel te serieus. We gaan dood, *soit*, wen eraan, speel ermee, misschien wordt het leven er alleen maar leuker door. Wie weet?

'De wereldverbeteraar.'

Helemaal niet. Mijn drijfveer is puur egoïstisch, anarchistisch zelfs, dat realiseer ik me terdege. Dus ik klop me niet op de borst. Misschien had ik het niet aan je moeten vertellen...

'Wacht eens even... Toch klopt er iets niet aan je verhaal!'

Hoezo?

'Waarom maak je mij deelgenoot van je plan? Daarmee zet je de zelfmoord, sorry: de perfécte zelfmoord, op het spel. Ik kan immers na je dood uit de school klappen. En dát kun jij niet regisseren.'

Dus eigenlijk moet ik jou nu vermoorden om mijn plan te kunnen uitvoeren?

'Gezellig gesprek.'

Je hebt beloofd om te zwijgen.

'Maar realiseer je je dat je me met een grote last opzadelt? Je maakt me deelgenoot van een zelfmoordpoging.'

Nu maak je het te groot.

'O ja? Daar komt het in feite wel op neer. En je vraagt me bovendien om niet in te grijpen.'

Je moet het allemaal niet zo serieus nemen, man. Ik doe toch niemand kwaad door over dit soort dingen na te denken.

'Dus die nieroperatie is theoretisch? Je bent daar niet concreet mee bezig?'

Natuurlijk niet, dat had je toch wel door? Je kent me toch. Ik probeer wat hersenspinsels op je uit, om ze scherper te krijgen. Heb je die duffelse jas trouwens al lang?

'Godverdomme... Ik dacht even... Schrijf er een verhaal over, het idee is ijzersterk. Man, je kwam echt overtuigend over... Dat bedoel ik nou, als ik met jou praat krijg ik altijd een unheimisch gevoel. Alleen jíj komt met dit soort gedachten.'

6

lekker makkelijk

(de geliefde)

'Je wilt er dus mee doorgaan?'

Inderdaad.

'Heb ik je al verteld van de man van een kennis van me? Hij heeft zijn nier aan zijn dochter gegeven en is een jaar lang zwaar ziek geweest.'

Nee, dat heb je me niet verteld. Maar het brengt mij vast en zeker niet op andere gedachten. Wat had hij dan precies?

'Dat moet je hem zelf maar vragen. Bijna een jaar is hij ziekenhuis in, ziekenhuis uit gegaan. Hij was bijna dood.'

O.

'Je bent niet alléén hoor!'

Zijn we in feite niet ons hele leven alleen...? Kun je je voeten weghalen, ik zit zo niet gemakkelijk.

'Gaan we weer filosofisch doen? O ja, dat wilde ik je

ook nog vertellen. Monique, de moeder van Marga, werkt op de dialyseafdeling van het Elisabeth Ziekenhuis. Volgens haar hebben de mensen die elke dag komen spoelen best een goed leven. Zij vindt het absurd dat jij overweegt een nier weg te laten halen. En zíj kan het weten.'

Je hebt de afgelopen dagen niet stilgezeten. Dat waardeer ik, echt, al blijf ik bij mijn beslissing.

'Wat ben jij koppig, zeg. Onvolwassen en koppig. Ik doe al nachten geen oog dicht, omdat jij met van die gekke gedachten rondloopt. Jíj zult wel goed slapen.'

Je kan dus niet slapen vanwege mij?

'Ja, straks blijf ik wéér alleen achter. Daar heb ik geen zin in.'

Waarom zou je alleen achterblijven? Zo'n operatie is tegenwoordig routine. Daarbij kan niks fout gaan. De kans dat ik sterf is veel groter wanneer ik met de auto naar Amsterdam rijd.

'Maak dat de kat maar wijs. Het is volgens Monique geen kleine operatie. Regelmatig gaat er iets mis.'

Er kan altijd iets misgaan, maar zo zit het leven in elkaar. Ik accepteer dat... Ik help iemand, Sanne!

'En mij negeer je. Een vreemde betekent meer voor je dan ik. Zie je dan niet in dat dat belachelijk is?'

Ik vind jouw reactie belachelijk... We hebben net samen opnieuw naar de dvd gekeken. Voor de zevende keer, geloof ik. Ik zag geen problemen. Jij wel?

'Ze weten maar al te goed welke beelden ze gebruiken. Dat weet jij toch ook, jij zit in de communicatie. Dat jij daar intrapt.'

Geloof maar dat die dvd een betrouwbaar beeld geeft, het onderwerp is te gevoelig. Bovendien is het afstaan van een nier wettelijk toegestaan. Weet je wat dat betekent voor een land dat van regels aan elkaar hangt? Dat er nauwelijks risico's zijn.

'Náúwelijks, hoor je wat je zegt? Náúwelijks risico's. En jij bent bereid die te nemen, met de kans dat ík straks met de gebakken peren zit. Nou je wordt bedankt, jongen.'

Ik stop met de discussie.

'Lekker makkelijk.'

Inderdaad.

'Fijn is dat... Precies je vader.'

Hoezo, precies mijn vader?

'Net zo koppig.'

Dat beschouw ik als een compliment.

'Zo was het anders niet bedoeld.'

Dat vermoedde ik al. Jij bent nooit zo complimenteus.

'Moet je horen wie het zegt! Altijd heb je commentaar op me. Dit is niet goed, dat is niet goed. Altijd is er wel iets. En dan ben ík opeens niet complimenteus.'

Zullen we stoppen?

'Misschien stop ik wel met de relatie... Je houdt totaal geen rekening met me... De komende weken ben je ook weer verdwenen.'

Ook weer verdwenen? Sanne, ik ga naar mijn vader. Ik ga hem en mijn moeder helpen, zodat hij thuis kan sterven. Ook dat is niet goed?

'Ik vind dat je veel te veel doet.'

Heb ik een keus? Dacht het niet. Bovendien is het mijn

zaak, jij hebt hier niks mee te maken. Ik ga naar mijn vader tot hij sterft. En doet hij daar een halfjaar over, dan blijf ik een halfjaar. Al ga jij op je kop staan, ik doe het op mijn manier.

'Ikke, ikke, ik–'

Nu moet je ophouden. Ik meen het. Je kunt ook te ver gaan.

'Sorry, ik bedoel het niet zo. Dat weet jij ook wel... Ik maak me gewoon zorgen. Je weet wat ik heb meegemaakt... Al die beelden komen met de dood van je vader weer terug.'

Mijn vader is nog niet dood.

'Ik zie dat beeld telkens weer voor me...'

Waarom ga je niet eens naar een psycholoog? Ik heb het je al zo vaak gezegd. Ik ben niet de enige die koppig is. Kom eens hier...

*

'Had je net je moeder aan de lijn?'

Ja.

'O.'

Wat o? Begin je nu alweer?

'Vroeg ze naar mij?'

Hoezo?

'Gewoon, ik ben benieuwd of ze vroeg hoe het met me gaat.'

Ze heeft veel aan haar hoofd.

'Ik wil geen ruzie maken, maar ik ben er ook nog. Ik heb ook veel aan mijn hoofd.'

Ken je Didier Drogba?

'Wie?'

Didier Drogba. De beste spits ter wereld. Een Ivoriaan, hij voetbalt bij Chelsea. Wat een atleet... en die vechtlust en power...

'Waarom begin je over voetbal?'

Ik dacht: ik probeer eens iets anders. Even geen geruzie, de knop omzetten... Je kunt er niet om lachen?

'Nee, was dat dan de bedoeling?'

Eigenlijk wel, ja.

'Volgens mij valt er niks te lachen. Ik zei alleen maar: ik ben er ook nog. Is dat soms om te lachen?'

Waarom heb je toch zoveel aandacht nodig? Kun je mij in deze moeilijke tijd niet gewoon aandacht géven in plaats van voortdurend aandacht vragen?

'Hoor wie het zegt–'

Stop. Ik ga naar huis. Het is genoeg geweest. Mijn geduld is op en mijn accu is bijna leeg.

'Je kan niet zomaar weglopen? We zijn nog niet uitgepraat!'

Ík ben uitgepraat en ik ga naar huis. Morgen vertrek ik naar Limburg en daar wil ik me rustig op voorbereiden. Ik heb een zware periode voor de boeg.

'Dat kun je toch ook hier?'

Dat kan ik blijkbaar niet. Je blijft op me inhakken. Ik wil rust.

'Als je die hier niet kunt vinden, dan moet je maar gaan. Ik houd je niet tegen.'

7

de uitslag is positief

(de coördinator)

maandag 15 juni 2009, 11.45 uur

'Met Wilma Noordhoek van het Erasmus Medisch Center. Bel ik gelegen?'

Een momentje, ik loop even de gang op... Ja, hier ben ik weer.

'Ik bel dus niet gelegen.'

Het kan wel even.

'Ik bel om je te zeggen dat we je bloed hebben onderzocht en dat de uitslag positief is. We zien geen aanleiding om het traject niet door te laten gaan. Als jij er nog achter staat tenminste... Bovendien wil ik graag een aantal nieuwe data met je prikken voor de onderzoeken.'

Dat duurde lang.

'We hebben meteen een paar kruisproeven gedaan om te kijken hoe je bloed reageert.'

O, zo... En?

'Je bloed is in prima conditie.'

Dat is goed nieuws... Maar ik kan de eerste tijd niet naar Rotterdam komen. Ik woon nu tijdelijk bij mijn ouders. Mijn vader gaat binnenkort sterven.

'Sorry... Als ik dat had geweten...'

Dat kon u niet weten... Het gaat sneller dan we hadden verwacht. De tumoren verspreiden zich razendsnel over en in zijn lichaam. Elke morgen ontdekken we weer een paar nieuwe.

'Verschrikkelijk. Wat is het toch een rotziekte... Wel fijn dat je bij hem bent.'

Ja, dat voelt ook goed. Maar de komende weken heb ik dus geen tijd voor onderzoeken.

'Logisch. Dat begrijp ik goed. Zullen we afspreken dat jij contact opneemt wanneer je er klaar voor bent? Dan pakken we dan de draad weer op.'

Dat lijkt me prima... Ik sta er nog altijd achter, hoor.

'Daar hebben we het dan later over. En neem gerust je tijd. Dit is een belangrijke periode voor je.'

8

jongen, is dat niet gevaarlijk?

(de moeder)

Slaapt pappa?

'Hij ligt weer op zijn rug, net of hij dood is. Ik ben net even gaan luisteren of hij nog ademt.'

En?

'Hij ademt nog.'

Dat bedoel ik niet. Hoe is het met jou?

'Hoe zou het met mij zijn? Ik weet het niet. Ik voel niet veel... Ik ga maar door, wat moet je anders.'

Lastig is hij niet.

'Helemaal niet. Zo lief heb ik hem nog nooit meegemaakt. Hij is zelfs opgewekt.'

Ik denk dat hij blij is dat het bijna afgelopen is. Mamma, kijk eens hoe hij eruitziet. Van zijn lichaam is haast niks meer over. Het is een wonder dat hij zo weinig pijn heeft.

'Hij heeft meer pijn dan hij laat blijken.'

Ja, waarschijnlijk wel... Zie je ertegen op?

'Ik weet het niet.'

Zelf is hij er rustig onder. Ik heb het idee dat hij er zich zelfs een beetje op verheugt. Hij wil per se met opgeheven hoofd sterven. Als een man, niet als een patiënt.

'Gek hè. Toen hij pas ziek werd, was hij zo nerveus en opgejaagd. De laatste weken is hij rustig en tevreden. Hij moppert niet, hij is zo lief...'

Berusting. Ik heb de laatste tijd veel met hem gesproken. Hij is er echt klaar voor, mamma. Alleen maakt hij zich zorgen over Vic.

'Ik heb twee totaal verschillende zonen. De een zorgt voor zijn vader, de ander maakt ruzie en loopt weg.'

Ik denk niet dat Vic zoveel anders is dan ik. Hij wil wel, maar zijn gevoelens zitten hem in de weg, hij blokkeert... Zal ik morgen nog eens met hem gaan praten?

'Als je maar geen ruzie maakt.'

Mam, erger kan het toch niet worden... Pappa gaat binnenkort dood, er móét iets gebeuren. Zo kan het toch ook niet.

'Nee...'

Fijn trouwens dat hij thuis kan sterven... En wat blijft het prachtig weer. De afgelopen weken stond de deur elke dag open. Hij kijkt naar de bloemen, hoort het watervalletje van de vijver, wij kunnen bij hem zitten. Zo zal ik niet sterven.

'Ja, hij heeft wat dat betreft geluk.'

En als ik eerlijk ben, vind ik het best gezellig, zo samen met zijn drieën. We kunnen rustig praten, een wijntje erbij. Eigenlijk is het best een fijne tijd.

'Dat heb ik ook. Heerlijk rustig. Geen bezoek, geen gedoe.'

Mam, jij doet het geweldig. Fijn dat je zo goed voor hem zorgt.

'Dat is toch normaal.'

Voor jou wel, ja. Maar dat zal niet overal zo gaan. Veel vrouwen zouden hun man naar een ziekenhuis of hospice sturen. Dat weet jij toch ook wel.

'Alleen had ik het ook niet gered. Het is dat jij al die tijd erbij bent.'

Ik vind het prettig om hier te zijn.

'Schenk ons dan nog maar een wijntje in.'

*

Mam, ik wil je nog iets vertellen. Het moment is misschien niet goed, maar eigenlijk ook weer wel... Ik moet het je toch een keer zeggen.

'Is er iets ergs gebeurd?'

Nee, verre van... Ik ga een nier doneren.

'Wát ga jij doen?'

Ik heb besloten een nier af te staan aan iemand die zonder nieuwe nier misschien sterft.

'Jongen, is dat niet gevaarlijk? Stel dat je iets aan die ene nier krijgt...'

Rustig maar, ik heb me goed voorbereid. Ik heb er veel over gelezen en heb met een nierprofessor in Rotterdam gepraat. De risico's zijn minimaal.

'Hoe kom je erbij om zoiets te doen?'

Ik loop al langer met het idee rond. En je ziet nu hoe verschrikkelijk het is als iemand ziek is en je niets kunt doen. Ik kan iemand helpen. En een paar dagen ziekenhuis, wat is dat nou. Kan ik rustig een paar boeken lezen.

'Weet pappa hiervan?'

Ja, maar het dringt volgens mij niet helemaal meer tot hem door. Hij zei wel dat hij het goedvond, maar... Nee, met zijn gedachten zit hij vooral bij zijn afscheid.

'Jullie hebben volgens mij veel dingen besproken die ik helemaal niet weet. Ook over zijn ziekte en afscheid.'

Hij moet er toch met iemand over praten. Jij staat te dichtbij, Vic loopt weg, dus blijf alleen ik over.

'Weet Vic van die nier?'

Nee, nog niet. Ik zal het hem morgen wel vertellen. Als hij niet weer kwaad wegloopt...

'Weet Sanne het?'

Hou op.

'Begon ze weer over zichzelf te praten?'

Hoe raad je het. Ze reageert heel onredelijk.

'Ik vind Sanne de laatste tijd sowieso nogal fel. En ze blijft alles op zichzelf betrekken. Ik ben eerlijk gezegd blij dat ze nu niet bij je is.'

Meen je dat?

'Begrijp me niet verkeerd. Ik vind Sanne echt een lieve vrouw, maar ze kan niet goed luisteren.'

Vergeet niet dat bij Sanne veel onverwerkt verdriet naar boven komt. Dat wordt weer aangewakkerd door de situatie hier. Het is natuurlijk ook niet niks wat zij achter de rug heeft.

'Dat is zeker zo, alsjeblieft zeg... Maar ik kan aan haar

merken dat ze de laatste tijd te weinig aandacht van je krijgt.'

Wat moet ik dan doen? Ik heb toch geen keus. Ik kan me niet opsplitsen.

'Dat moet ze maar begrijpen. Je hebt immers haar ook goed geholpen. Bovendien kan ze blij zijn dat je zo goed voor je vader zorgt.'

Dat is ze ook wel, ze is alleen behoorlijk getraumatiseerd. Ziekte en dood duwt ze van zich af, zo ver mogelijk. En dat begrijp ik ergens wel, maar ik heb geen zin meer in gezeik. Ik heb op dit moment meer dan genoeg aan mijn hoofd.

'Dat kan ik me voorstellen.'

Maar goed, ik zal wel zien, straks...

'Het valt me trouwens op dat jij altijd vrouwen met problemen aantrekt.'

Hoe bedoel je?

'Zoals ik het zeg.'

Mamma, wie heeft er nu geen problemen? Kijk eens om je heen.

'Daar heb je gelijk in.'

Maar misschien heb je ergens wel gelijk. Ik vind moeilijke mensen interessant. Ik hou niet van saaie huisvrouwen.

'Zoals ik!'

Jij bent toch zeker niet saai. En ook geen huisvrouw. Je hebt bijna je hele leven gewerkt. Van jouw generatie vrouwen ben jij een van de weinige.

'We hadden het geld nodig.'

Je vond het ook leuk. Je sprak altijd positief over het

kantoor. En je ging samen met pappa naar de feestjes. Hij was zelfs trots, een fabrieksarbeider die met de accountants een biertje drinkt.

'Ja, ik heb daar ook een fijne tijd gehad.'

Ik vond de uitstapjes met jullie kantoor ook altijd leuk.

'Weet je nog toen we gingen kanoën? Jij en Claudia kwamen als laatste binnen.'

Dat weet ik nog... Maar om even terug te komen op jou. Jij had ook thuis nog eens de regie in handen. Pappa voer helemaal op jou. Jij nam alle beslissingen.

'Dat is zo gegroeid.'

Prima toch. Eén moet de baas zijn.

'Bij je vader was dat ook nodig. Wat was die man onzelfstandig...'

En kijk eens hoe hij het nu doet. Dat noem ik niet onzelfstandig.

'Ik blijf me er ook over verbazen.'

Op het moment dat je gaat sterven, komt je ware karakter naar boven. En pappa was ergens ook wel een sterke man. Hij kon zich voor tweehonderd procent ergens voor inzetten.

'Dat is zeker waar.'

En hij was nooit te beroerd om iemand te helpen.

'Nee, hij was een harde werker.'

Hoor je wat je zegt?

'Wat bedoel je?'

Je spreekt over hem in de verleden tijd.

'Dat gaat vanzelf... Volgens mij doe jij dat ook.'

Dat zal best.

'Jongen, ga je echt een nier afstaan?'

Ja.

'Je bent net zo'n stijfkop als je vader.'

Dat zei Sanne ook al.

'Waarom wil jij toch altijd mensen helpen? Vroeger had je dat al. Als kind kwam je al thuis met arme sloebers. Hans Sierdal en Patrick van Ommen... en Jo niet te vergeten. Stuk voor stuk jongens die het thuis niet leuk hadden. Wie hier niet allemaal hebben meegegeten en geslapen. Patrick woonde hier bijna.'

Die jongens hadden het niet fijn thuis. En hier mocht alles... Nee, niet alles, maar wel veel. Jullie deden niet zo moeilijk. Eigenlijk was dat heel bijzonder.

'Trouwens, ook in Tilburg ben je altijd omringd met kwetsbare mensen. Wat is dat toch?'

Misschien herken ik wel dingen van mezelf in ze, of ik merk dat ze bescherming nodig hebben. Ik weet het ook niet precies, ik volg gewoon mijn gevoel. Bovendien zijn die mensen wel écht. Ze spelen geen toneel, hebben geen verborgen agenda.

'Sanne leeft in een totaal andere wereld, dat heb ik gezien op haar feest. Allemaal welgesteld, een beetje arrogant soms. Pappa en ik voelden ons niet helemaal op het gemak.'

Echt niet?

'Dat is toch een ander soort mensen.'

Schijn bedriegt.

'Ja, dat zal wel. Het is een milieu dat wij niet gewend zijn. Wij hebben altijd hard moeten werken voor ons geld, net als onze ouders. Dat vormt je karakter.'

Sanne is van harte een lieve vrouw. Maar als je altijd je zin hebt gekregen en nooit geldzorgen hebt gekend...

'Komt ze nog voordat pappa gaat sterven?'

9

bedankt voor de opbeurende woorden

(de geliefde)

'Kun je straks even terugbellen? Ik kijk met Maarten naar *Goede Tijden*.'

Ik bel morgen wel. Het was een zware dag, ik ga vroeg naar bed.

'Is goed. Groeten aan je moeder.'

Jij aan Maarten.

*

'Hoe is het met je?'

Ik heb lang geslapen. Het was gisteren heftig...

'Ik was al om halfzeven wakker. Lang slapen is er bij mij niet meer bij. Dat komt misschien ook door de overgang.'

Dat zou best eens kunnen. Maar misschien heb je ook

gewoon niet meer zoveel slaap nodig.

'Ik denk het ook niet. Het is lang geleden dat ik nog eens goed heb kunnen uitslapen. Ik ben er wel jaloers op dat jij zo lang kunt blijven liggen.'

Het was nodig.

'Hoe lang zal het geleden zijn? Drie, vier jaar...'

Hoe gaat het verder?

'Ik ben vandaag naar school geweest. De kinderen waren druk. En mijn assistent was weer eens ziek. Dat de directie daar niks aan doet. Het is al het hele jaar een puinhoop in de klas.'

Zal ik je over gisteren vertellen?

'Laat me even uitpraten... Nu weet ik niet meer wat ik wilde vertellen. Je moet me ook niet onderbreken, dat doe ik toch ook niet.'

Dat doe je wel, maar daar ga ik het nu niet over hebben. Ik wil–

'Hoezo "dat doe je wel"? Ik ben een juffrouw, ik kan heel goed luisteren.'

Ik heb geen zin in ruzie. Ik wil je vertellen over gisteren, mijn gesprek met Vic.

'Nou, vertel dan maar. Ik weet toch niet meer wat ik wilde zeggen.'

Dank je... Ik kwam binnen en hij zat achter de computer. Hij keek me niet aan en bleef zitten. Met halve zinnen mopperde hij tegen me. Op een bepaald moment werd ik kwaad, kwáád, zo woest was ik al lang niet meer geweest. Ik heb hem eerst verrot gescholden en daarna achter de computer vandaan gehaald. Ik dacht: of hij knapt of hij wordt agressief. Nou, wat denk je?

'Hij heeft je geslagen?'

Nee, hij stopte niet meer met huilen... Als een kind lag hij in mijn armen. Alle verdriet en onvermogen kwamen eruit. Wel een kwartier lang. Susan stond alleen maar verbaasd te kijken.

'Wat goed.'

Ja, ik heb hem net op tijd binnenboord kunnen halen. Gelukkig...

'Hoe is het met je vader?'

Volgende week vrijdag gaat het gebeuren. Althans, als de controlearts toestemming geeft. Maar dat lijkt me een formaliteit.

'Poeh, wat zwaar allemaal...'

Tja... Mijn vader doet het goed. Hij gedraagt zich heel waardig.

'Dat was bij mijn moeder wel anders. Die verzette zich tegen de dood. Verschrikkelijk was dat.'

Je moeder was ook aan het dementeren, mijn vader is er voor de volle honderd procent bij.

'Ja, dat zal schelen.'

Kom je deze week nog om afscheid te nemen?

'Nee. Ik heb er met een aantal vriendinnen over gepraat en ook zij vinden dat ik voor mezelf moet kiezen. Ik denk niet dat ik het aankan.'

Jammer.

'Dat begrijp je toch wel?'

Zeker, maar ik vind het wel jammer. Ik kan wel wat steun gebruiken nu.

'En ik dan? Ik sta er hier ook alleen voor. Denk je dat het voor mij makkelijk is? Ik lig ook alleen in bed, hoor.'

Mijn vader gaat over een week dood.

'Ik heb mijn vader ook moeten afgeven. Zo is het leven.'

Misschien wel, ja. Maar het valt me zwaar. Bovendien was jouw vader 92, die van mij is net 70 geworden.

'Ik denk heus wel aan jullie.'

Ja.

'Niet te enthousiast.'

Sanne, alsjeblieft, ik kan ruzie op dit moment niet verdragen.

'Ik maak geen ruzie. Ik wil dat je me begrijpt.'

Heb nu maar een keer begrip voor mij! Op dit moment draait mijn leven om mijn vader. Ik wil dat zijn einde mooi wordt, en dat gaat me lukken ook!

'Dan zou ik het met hem maar niet over die nier hebben...'

Daar heb ik toevallig wél met hem over gesproken... En ook met mijn moeder, overigens.

'Waren ze het met me eens?'

Nee.

'Nee?'

Ze hebben er eigenlijk geen mening over. Het is mijn beslissing en dat respecteren ze.

'Ze zullen toch wel begrijpen waarom ik ertegen ben.'

Dat zal zeker, maar ze zijn met andere dingen bezig.

'Fraai is dat. Drie tegen één.'

Het is geen wedstrijd... Je komt dus geen afscheid meer nemen van mijn vader?

'Nee.'

Dat weet je zeker?

'Ja.'

Jammer.

'Nee, dat is niet jammer. Het is noodzakelijk. Ik mag hier niet aan onderdoor gaan. Ik heb een kind, jij niet.'

Hij is volwassen, hij woont op kamers.

'En toch heeft hij mij nodig. Maar dat begrijp jij niet, jij hebt geen kinderen.'

Dat zal het zijn. Komen jullie wel naar de crematie?

'Waarschijnlijk wel, maar ik laat het er even van afhangen. Misschien kom ik wel met mijn zussen.'

Je moet komen.

'Ik móét niks.'

Je hoort bij de familie.

'Doe niet zo kinderachtig. Iemand die een nier kan missen, kan ook zijn vriendin missen.'

Sanne, ik hang op.

'Natuurlijk hang je niet op. Je zegt toch altijd dat je anders bent dan je broer.'

Vic had je allang weggedrukt. Maar misschien lijk ik ook wel op hem. Het is niet anders.

'Volgens mij is jullie hele familie emotioneel beschadigd. Hoe jullie met verdriet omgaan–'

Nu moet je ophouden!

'Dat zou je willen. Ik–'

Bedankt voor de opbeurende woorden. Adios.

*

'*U heeft één nieuw bericht. Ingesproken om 22 uur 9.* Wat flik je me nou?! Je hangt toch niet zomaar op, omdat wat ik

je te zeggen heb je niet bevalt... Volgens mij zit het helemaal niet goed met onze relatie. Wat val je me tegen, zeg.
Bel me maar snel terug, anders stop ik ermee. Je weet dus
wat je te doen staat!'

*

*'U heeft één nieuw en één oud bericht. Nieuw bericht is inge-
sproken om 23 uur 11.* Waarom neem je niet op? Heel flauw
hoor. Ik hoop dat je straks lang wakker ligt om hierover
na te denken.'

10

zonder slagroom

(de broer)

vrijdag 3 juli 2009, 10.00 uur

Nog vier uur en pappa gaat sterven... Bijna surrealistisch. Het dringt niet echt tot me door. Hoe is dat bij jou?

'Hetzelfde... Heb je gezien hoe opgewekt hij was toen hij wakker werd?'

Ja. Hij verheugt zich erop. Hoe verklaar jij dat, je hebt daar in je beroep vast en zeker mee te maken; jij bent toch bezig met die specialisatie oncologie?

'Ik denk dat bepaalde chemische stoffen de geest conditioneren. Je wordt daardoor voorbereid op de dood. Anders zou het een hel worden om te gaan. En pappa is hier al zo lang mee bezig. Het wordt zijn laatste daad. Zijn onderbewustzijn helpt hem daarbij.'

Vic, ik ben blij dat pappa en jij de afgelopen week goed met elkaar hebben gepraat. Volgens mij heeft dat er ook mee te maken. Hij heeft nu alles afgerond.

'Misschien wel, ja. En die kaart van de complete Roda-selectie, die deed hem ook goed.'

Dat kun je wel zeggen. Hij huilde als een kind...

'Hoe was jouw afscheidsgesprek eigenlijk?'

Wil je het echt weten?

'Anders zou ik het niet vragen.'

Het ging eigenlijk alleen maar over jou... Hij maakt zich zorgen. Hij vroeg of ik goed op je kinderen zal passen.

'Ja, die ouwe maakt zich veel te veel zorgen.'

Ik wil niet lullig doen op zijn laatste dag, maar daar heb je het natuurlijk ook naar gemaakt. Toch?

'Ik heb veel dingen niet goed gedaan...'

Gelukkig hebben jullie het uitgepraat. Daar ben ik blij om. En kijk eens hoe opgelucht hij is... En jij...

'Ja dat is inderdaad goed. Ik parkeer de auto hier, kunnen we een stukje lopen, het is lekker in de zon.'

Prima. Het weer is inderdaad prachtig. Sterven op een zomerse dag, je familie om je heen, het lijkt wel een film... Shit. Vic, heb jij geld bij je, ik ben mijn portemonnee vergeten.

'Heb ik, rustig maar. Meer dan genoeg. Laten we eerst *de Volkskrant* kopen en daarna de rijstevlaai. Draai je raam even dicht.'

En de bloemen. Hij wil niet dat het er na zijn dood te triest uitziet in huis. Het is wat... En dat we rijstevlaai moeten eten...

'Dat kan ik me ergens nog wel voorstellen, maar wie wil nu *de Volkskrant* lezen op zijn laatste ochtend? Bang dat hij iets mist?'

Ik denk dat hij zijn naderend einde daarmee weg-stopt. Rustig de krant lezen, teletekst kijken, koffiedrinken. Hij wil niet nadenken over het laatste moment. En eerlijk gezegd wil ik dat ook liever niet. Ik ben blij dat we even voor hem op pad kunnen. Alsof er niks aan de hand is.

'Laten we dan rustig aan doen... Misschien wil hij ook wel even alleen zijn met mamma.'

Wat ik je nog niet heb verteld... Ik ga een nier doneren.

'Hoe kom je daar nu weer bij?'

Ik loop er al een tijdje mee rond. Een tijd geleden ben ik in het ziekenhuis van Rotterdam hierover gaan praten. Dat voelde goed.

'Daar verras je me mee, kerel.'

Is dat positief of negatief?

'Positief, natuurlijk. Je moet dat zeker doen als je daar een goed gevoel bij hebt.'

En de risico's zijn minimaal.

'Dat weet ik. Ik behandel een patiënt die nog maar één nier heeft. Daar kun je oud mee worden.'

Hoezo behandel jij die? Wat heeft een fysiotherapeut hiermee te maken?

'Nee, ik behandel zijn rug. Dat heeft niets met die nier te maken. Maar hij vertelde mij dat hij maar één nier heeft. Daar heeft hij volgens mij geen klachten over.'

Sanne vindt het niet goed.

'Vrouwen... Die maken zich altijd ongerust om niks. Ik vind het een goed initiatief. Ze moet maar eens gaan kijken op een dialyseafdeling. Dat is een drama, dat kan ik je vertellen.'

Wanneer ben je daar dan geweest?

'Ik heb vroeger stage gelopen in het ziekenhuis, op verschillende afdelingen.'

Sanne is een beetje in de war. De laatste tijd vergelijkt ze me regelmatig met haar man.

'Hoezo dat?'

Als ik depressief ben, me niet lekker voel, dan wil ik graag alleen zijn, rust hebben. Ze zeurt dan eerst een tijdje dat ik met haar moet praten, zodat ze me kan begrijpen. En als ik me vervolgens wil terugtrekken, dan raakt ze in paniek en schreeuwt dat ik op haar man lijk. Dat ze niet nog een keer zoiets wil meemaken.

'Vergeet niet dat ze getraumatiseerd is.'

Dat kan wel zijn, maar ik ben haar man niet. Ik vind het behoorlijk onprettig om telkens met hem vergeleken te worden.

'Dat kan ik me voorstellen. Het wordt tijd dat ze hulp gaat zoeken.'

Dat heb ik haar al zo vaak gezegd, maar dan krijg ik als antwoord dat ík hulp nodig heb, niet zij.

'Laat haar maar even met rust, dat is het beste. Misschien trekt ze bij na de dood van pappa.'

Ik ben benieuwd. Ik heb de indruk dat ze zich daarvoor afschermt; anders was ze hier wel vandaag.

'Dat is inderdaad geen sterke zet van haar, om niet te komen.'

Hier kunnen we een krant kopen. Geef even wat kleingeld, dan haal ik 'm.

*

'De bakker is hier om de hoek, als ik het me nog goed herinner van vroeger.'

Klopt.

'Heb je het aan pappa verteld, van die nier?'

Ja, maar het dringt volgens mij niet meer helemaal tot hem door.

'Ik weet zeker dat hij het waardeert. Hij zou het ook kunnen doen. Jullie zijn daar alle twee eigenwijs genoeg voor.'

Eigenwijs, eigenwijs...

'Zeker wel. Als jullie je iets voornemen, krijg niemand het meer uit jullie kop gepraat. Jullie lijken daarin precies op elkaar.'

Je lacht mij er een beetje te gemeen bij...

'Voor anderen is het vaak moeilijk om met jullie om te gaan. Jullie weten alles altijd beter en zijn stellig in wat jullie zeggen. Dat is niet makkelijk. Jullie kunnen behoorlijk intimiderend zijn.'

Vic, nu overdrijf je. Ik ben niet zo koppig als pappa.

'Dat ben je wel, ha ha, misschien zelfs nog wel koppiger. Alleen weet jij het door je intelligentie beter te verpakken dan pappa. Hij is meer recht voor zijn raap, jij weet je eigenwijsheid beter te verbloemen.'

Misschien hebje gelijk. Zal vast een blinde vlek zijn...

'Mag ik ook eens gelijk hebben?'

Liever niet eigenlijk.

'Ik loop even snel naar binnen om een rijstevlaai te kopen.'

Zonder slagroom. Pappa wil het gezellig, maar sober houden.

'Hij krijgt zijn zin. Nog één keer dan...'

Rijd maar naar de bloemist in Schaesberg, die hebben de mooiste bloemen. Laten we een extra groot boeket samenstellen – iets te frivool, met veel kleuren, alsof we iets te vieren hebben. Om hem een beetje te pesten...

'Een strak plan.'

Hoe laat komt je vriendin eigenlijk?

'Tegen enen, een uur van tevoren.'

Dat is fijn, kunnen wij met zijn vieren even alleen zijn straks. Rustig een laatste kop koffie drinken. Hoe vind je trouwens dat mamma het doet?

'Best goed. Maar de klap gaat straks pas komen.'

Ik denk dat het mee zal vallen, Vic. Ze krijgt ook weer haar vrijheid terug. Het afgelopen jaar heeft ze alleen maar voor pappa gezorgd. Bovendien heeft ze de kleinkinderen... Volgens mij gaat zij zich wel redden, net als haar moeder destijds. Ook die lijken op elkaar, dus dat komt wel goed.

'Zij en oma lijken zeker op elkaar, op het irritante af soms... Ja, lach maar. Jij zit lekker in Tilburg, ik heb er vaker mee te maken.'

Je moet niet zo overdrijven. Kijk eens hoe goed ze voor je kinderen zorgt.

'Ja, het valt ook wel mee. Ik ben haar daar ook dankbaar voor.'

Laat dat dan eens wat vaker merken.

'Dat moet ik ook doen.'

Maar?

'Nee, geen maar, ik ben het met je eens.'

Mooi. En laten we er zo meteen een mooi einde van maken. Geen geruzie of weglopen. Dat zou je jezelf je hele leven niet meer vergeven, Vic.

'Wees maar niet bang, dat zal ik zeker niet doen. Ik ben kalm. We zullen die ouwe rustig laten gaan...'

Dat verdient hij ook. Hoe je het ook wendt of keert, hij heeft altijd zijn best gedaan.

'Ja.'

Ik ben wel bang dat het euthanasiemoment straks tegen gaat vallen. Bij *Simon* werd het volgens mij rooskleuriger voorgespiegeld dan het in werkelijkheid is. Wat denk jij?

'Eigenlijk probeer ik er niet over na te denken. We merken het wel.'

Dat neem ik aan.

'Maar het zal niet meevallen, broertje...'

11

als een tierelier

(de nier)

dinsdag 18 augustus 2009, 23.35 uur

Je gaat binnenkort verhuizen, vriend. Dat lijkt me een
goede zaak. Niet dat je het slecht hebt gedaan, verre van,
maar iemand anders kan jou beter gebruiken. Misschien
gaan we elkaar wel missen, maar risico's horen bij het leven.

'*You talkin' to me?*'

Tegen wie anders?

'*You talkin' to me?*'

Ja!

'*YOU TALKIN' TO ME?*'

Flauw hoor.

'Vind je het gek. Het is de eerste keer dat je iets tegen
me zegt! En dan dat geklop om je woorden kracht bij te
zetten, is dat nu echt nodig?'

Ik probeerde je gerust te stellen.

'Je probeert jezélf gerust te stellen. Ik heb liever niet dat je mij daarbij betrekt, verrader.'

Hoezo, verrader?

'Moet ik dat nog uitleggen dan?'

We kunnen iemand helpen, dat is toch fijn.

'We? En wíé loopt het risico? Ik toch zeker. De kans is groot dat ik niet "aansla" en dan? Hoppa, de vuilnisbak in!'

Doe niet zo dramatisch.

'"We kunnen iemand helpen, dat is toch fijn"... Wie is hier de *drama queen*?'

Stel je niet zo aan.

'Hallo? Ik draai als een tierelier. Ik doe mijn werk met plezier. En wat krijg ik als beloning? Enkele reis onbekende bestemming!'

Precies, je functioneert prima. Wedden dat je in een ander lichaam ook lekker draait?

'En de inzet is?'

Wat bedoel je?

'Je gaat met mij toch een weddenschap aan?'

Bij wijze van spreken... Denk je dat het voor mij niet moeilijk is om een nier af te staan? Ook mijn leven staat op het spel.

'Ik heb je nu zo'n 42 jaar van een afstandje gevolgd en volgens mij hang jij niet zo aan het leven.'

Dat weet jij allemaal?

'Wat moet ik anders de hele dag doen? Ik zal je niet lastigvallen met mijn bevindingen, maar het is mij in elk geval duidelijk dat je een licht suïcidale inslag hebt.'

En in dat lichaam wil jij dus blijven zitten?

'Waarom niet?'

Met de kans dat ook jij voortijdig aan je einde komt?

'Touché.'

DEEL II

FILIUS

Als twee gejukte ossen, zo zijn wij –
Beladen hij, gebukt ik – voortgeschreden,
Mijn goede mentor liet mij daarin vrij.

Canto 12, Louteringsberg, *De goddelijke komedie*, Dante

12

wat een luxe allemaal

(de maatschappelijk werker)

woensdag 30 september 2009, 10.20 uur

'Goedemorgen. Mijn naam is Brochet en ik ben medisch maatschappelijk werker. Ik werk bij de Dienst Psychosociale Zorg. Het is de bedoeling dat wij een gesprek voeren. Dat valt onder de screening van het ziekenhuis om te bepalen of je een nier kunt doneren. Als het goed is, heeft professor Brocken je hierover geïnformeerd. Laat ik beginnen met te zeggen dat we blij zijn met je initiatief. En dat–'

Mag ik u eerst iets vragen?

'Ga je gang.'

Kunt u alstublieft gaan zitten? Ik voel me altijd zo opgejaagd als iemand staande tegen me praat. Heeft u haast?

'Sorry... Ik heb het inderdaad druk. Maar ik heb alle tijd die wij nodig hebben.'

Nee, liever niet op het bureaublad. Kunt u gewoon op een stoel gaan zitten...? Kijk, dat werkt een stuk beter.

'Juist... ja... Donoren krijgen geen geld voor het afstaan van een nier. Dat is in Nederland niet toegestaan. Wel kunnen ze een subsidie krijgen van het Ministerie van Volksgezondheid, Welzijn en Sport. De Subsidieregeling Donatie bij Leven biedt de mogelijkheid tot het aanvragen van subsidie voor gemaakte kosten. Het gaat om kosten die rechtstreeks een gevolg zijn van de donatie en dan tot uiterlijk dertien weken na de datum van ontslag uit het ziekenhuis. Het gaat om kosten openbaar vervoer en een eenmalige vergoeding van € 160,-. Dat bedrag is niet hoog, zie het als een symbolisch bedrag, maar ik wil je toch vragen van de mogelijkheid gebruik te maken. Het is beleidsmatig wenselijk dat het bedrag wordt opgesoupeerd en zo elk jaar opnieuw op de begroting van het ministerie komt te staan. Ik geef je straks een formulier waarmee je de kosten kunt declareren.'

Een hele mond vol.

'Ja.'

En met die € 160,- mag ik doen wat ik wil? Die zijn vrij te besteden?

'Zeker.'

Dus ook voor de aflossing van mijn hypotheek?

'Je kunt het zelf bepalen.'

Dat is een meevaller, zeg.

'Het is niet veel, ik weet het... Mag ik vragen wat voor werk je doet?'

Ik ben een prostituee.

'Pardon?'

Ik ben een freelance-journalist *slash* tekstschrijver.

'In dat geval kun je een beroep doen op de regeling Inkomstenderving. Veel freelancers hebben geen arbeidsongeschiktheidsverzekering afgesloten, want die is voor een zelfstandige vaak te duur. Je kunt voor de periode na ontslag uit het ziekenhuis voor maximaal dertien weken een subsidie krijgen. Als peiljaar geldt het jaar vóór de donatie. Dat betekent wel dat je de nodige financiële gegevens zult moeten overleggen.'

Dat is niet nodig, want ik zal hier geen gebruik van maken.

'Je hebt een arbeidsongeschiktheidsverzekering?'

Nee, dat niet.

'Dan kun je er gerust een beroep op doen. Je kunt immers een paar weken niet werken en hebt dus geen inkomsten.'

Ik red me wel.

'Ik zou zeggen, maak gebruik van de regeling.'

Gaat u maar door met het verhaal. Of zijn we klaar?

'Nee, nee... Ik wil me natuurlijk niet met je zaken bemoeien... Dat waren de financiële aspecten... Wacht, bijna vergeten. Mocht het zo zijn dat je ziektekostenverzekering een rekening indient voor het een of ander, dat kan gebeuren, betaal die dan niet! Stuur die rekening door naar ons. De verzekeraar van de ontvanger is namelijk verantwoordelijk voor alle gemaakte kosten.'

Goed dat u het zegt.

'Nu de praktische zaken. Als je straks geopereerd bent, kom je op een zaal te liggen met drie andere patiënten. Dat zijn meestal zware nierpatiënten die veel zorg nodig hebben. Jij bent in feite gezond en zult dus minder aandacht krijgen. Sommige donoren ervaren dat als ondankbaar, vandaar dat ik je erop voorbereid. De verpleegkundigen kunnen hier niet altijd rekening mee houden. Ze moeten hun werk doen.'

Uiteraard.

'Ook zullen zij je bed zo snel mogelijk vrij willen maken voor een nieuwe patiënt. Het is belangrijk dat jij zelf aangeeft of je naar huis wilt. Voel je je nog niet sterk genoeg, geef dat dan aan. Laat je niet opjagen en blijf gerust een dagje langer.'

Dat klinkt niet bepaald uitnodigend. Is er zo'n groot tekort aan bedden?

'Jammer genoeg wel. Zoals professor Brocken misschien heeft verteld, staan veel nierpatiënten op de wachtlijst voor transplantatie. Door het tekort aan nieren moeten ze lang wachten en krijgen ze vaak ernstige gezondheidsproblemen. Opname in het ziekenhuis is dan onvermijdelijk.'

Dan zal ik snel plaatsmaken.

'Nee, doe dat niet. Het is belangrijk dat je goed herstelt. Je komt gezond het ziekenhuis in en je moet het ook weer gezond verlaten.'

Ik zal eraan denken.

'Bovendien hebben wij een aantal gastenkamers beschikbaar. Die zijn primair bedoeld voor de familie van de patiënt die van ver moet komen. Ze kunnen er overnachten en mee-eten in het personeelsrestaurant. Het eten moeten ze wel zelf betalen. En een overnachting kost € 16,- per nacht. Als jij na het ontslag uit het ziekenhuis nog een paar dagen wilt aansterken, dan kun jij ook in het gastenverblijf terecht. De kosten kun je achteraf gewoon declareren.'

Ook dat zal niet nodig zijn. Ik ga gewoon lekker naar huis.

'Dat is natuurlijk prima, maar ik heb je op de mogelijkheid gewezen.'

Dat heeft u zeker. Waarvoor dank.

'Aangezien je zo snel mogelijk naar huis wilt, wijs ik je ook nog op de mogelijkheid om gebruik te maken van thuiszorg. Ervaring laat zien dat de donoren de eerste weken te moe zijn om huishoudelijke werkzaamheden te verrichten. Dus als je straks extra hulp kunt gebruiken...'

Nee, dank u.

'Dan moet ik je er ook nog op wijzen dat je gebruik kunt maken van geestelijke verzorging.'

Wat een luxe allemaal. Als ik wil, kan ik me een paar weken in de watten laten leggen.

'Volgens mij heb je een te rooskleurig beeld van het herstel. Houd er rekening mee dat het tegen kan vallen. Dan is het goed dat je kunt terugvallen op voorzieningen.'

Geestelijke verzorging. Wat moet ik me daarbij voorstellen?

'We hebben een humanistisch geestelijk verzorger, een hervormd predikant, een gereformeerd predikant, een islamitisch geestelijk verzorger, een hindoe begeleider, eens kijken, er is ook boeddhistische of joodse begeleiding beschikbaar en dan hebben we het zo'n beetje gehad volgens mij.'

Ik ben rooms-katholiek.

'Stom, natuurlijk hebben we ook een rooms-katholiek geestelijk verzorger.'

Maar daar maak ik geen gebruik van.

'Dat dacht ik al.'

Ja, ik word voorspelbaar. Is er nog iets wat ik moet weten, of wat u volgens het protocol aan mij moet vertellen?

'Even kijken... Ja, de donor blijft anoniem. Dat is vooral ter bescherming van de donor. Een ontvanger wacht al zo lang op een nier, dat hij vaak geen oog heeft voor de emoties van een donor. De anonimiteit voorkomt teleurstelling. Ik zal je een boekje meegeven waarin donoren over hun ervaringen vertellen. Daar staan bovendien nog een aantal andere handige adressen in. Zo is er bijvoorbeeld een lotgenotencontact en de Vereniging van Nierdonoren...'

Die zucht klonk als het einde van de informatie.

'Ja, ik heb geloof ik alles verteld.'

Het is mij duidelijk... Misschien was ik een beetje te ironisch aanwezig. Privé heb ik een zware tijd achter de rug. Ik heb daardoor moeite om dingen serieus te nemen, maar daar zal ik het met de psycholoog over hebben.

'Dat is goed, ik zal er een aantekening van maken.'

Bovendien is het ook zo'n brij aan standaardinformatie. U moet het vertellen, ik moet ernaar luisteren, maar we hebben er eigenlijk allebei geen zin in. De informatie staat vast en zeker in het stapeltje folders dat u mij zo meteen gaat overhandigen.

'Dat klopt, maar ik moet de procedure volgen. In het ziekenhuis werken wij zo nauwkeurig mogelijk, op alle terreinen. Voor een chirurg zijn bepaalde handelingen ook gesneden koek, en toch moet hij of zij de motivatie blijven opbrengen om ze de volle aandacht te geven. Dat geldt ook min of meer voor mij. Het gesprek is bovendien bedoeld om eventuele vragen te beantwoorden. Dus, heb je nog vragen?'

Nee, ik laat me graag verrassen.

'Hoe bedoel je?'

Ik laat het allemaal over me heen komen. Ik ben niet zo geïnteresseerd in de ervaringen van andere donoren. Iedereen beleeft het op zijn eigen manier. Ik ben blij dat ik iemand kan helpen en voor de rest zie ik het wel.

'Misschien is dat ook de beste instelling. Wij zorgen in elk geval dat van onze kant alles zo goed mogelijk verloopt.'

13

motieven zijn zelden zuiver

(de psycholoog)

woensdag 7 oktober 2009, 11.35 uur

'Je hebt een moeilijke tijd achter de rug, lees ik hier.'

Dat klopt, daar heb ik vorige week uitvoerig met de medisch maatschappelijk werker over gesproken.

'Fijn, fijn... Wil je er nog iets over zeggen?'

Eigenlijk niet. Alles is al besproken volgens mij. De medisch maatschappelijk werker pakte het gesprek goed aan. Een capabele man.

'Dat is goed om te horen... Heel goed... Nou, dan ga ik je eerst maar opzadelen met wat huiswerk. Ik wil je vragen om deze vragenlijst in te vullen. Het is een psychologische test.'

Prima.

'Ik zal je even begeleiden naar een andere kamer. Dan kun je daar de lijst rustig doornemen. Als je klaar bent, dan kom je weer hiernaartoe. Oké?'

Yes, Sir!

*

'Dat is snel.'

Ik ben niet zo'n twijfelaar.

'Juist, eens even kijken of ik iets geks tegenkom...'

Neemt u maar rustig de tijd. Ik heb geen haast.

'Ik heb een minuutje of vijf nodig. Je kunt eventueel een kopje koffie halen.'

Zal ik doen. Kan ik voor u ook iets meebrengen?

'Koffie graag. Alleen met melk. Dank je wel.'

*

'Ik kom geen afwijkingen tegen...'

Oké.

'Het verbaast je?'

Nee, eigenlijk niet. Ik ken mezelf redelijk goed. De witte vlekken niet meegerekend dan.

'Wat zijn je witte vlekken?'

Als ik dat wist, zouden het geen witte vlekken zijn.

'Juist... Heb je al eens in het ziekenhuis gelegen?'

Toen ik dertien was een dag of tien... En op mijn achtste twee dagen voor mijn amandelen.

'Dat is lang geleden. Denk je dat je een ziekenhuisopname aankan?'

Hoezo niet?

'Ik vraag het omdat er nogal wat mensen zijn die in paniek raken. Ze kunnen niet tegen de geur, de omgeving. Maar dat heb jij niet?'

Helemaal niet. Ik kan me best een weekje vermaken.

Ik neem een stapel boeken mee en slaap eens lekker uit.

'Je lacht?'

Ja, ik zie er namelijk totaal niet tegen op. Ik kan iemand helpen, dat geeft mij kracht. Ontzettend veel kracht.

'Juist... Je gaat een nier doneren aan een onbekende. Waarom eigenlijk?'

Ik ga puur op mijn gevoel af. Het voelt gewoon goed om te doen. Iets zinnigers kan ik er eigenlijk niet over zeggen.

'Je gevoel... Je komt over als een intelligente jongen. Je hebt vast en zeker nagedacht over je drijfveren...'

Dat heb ik zeker, maar iets zinnigs kan ik er helaas niet over zeggen. Motieven zijn zelden zuiver, dus ik luister liever naar mijn gevoel.

'Vertel eens iets over die motieven.'

Wat kan ik erover zeggen? Motieven zijn volgens mij niet meer dan intellectuele constructies. En aan het ene motief hangt een positievere connotatie dan aan het andere... En over die labels heerst blijkbaar consensus, om de een of andere reden. Maar ik kan er niet mee uit de voeten... U knikt?

'Ja... Ik bedoel, ga door, dit is interessant.'

Interessant is het wellicht wel, maar in de praktijk heb je er niks aan. Kijk, ik wil een nier afstaan. Daaraan kunnen verschillende motieven ten grondslag liggen. Mensen zijn geneigd om op basis van een motief een oordeel uit te spreken. En soms leidt dat tot handelen. In dit geval kan het betekenen dat mensen de donatie afkeuren of tegenhouden. Met als gevolg dat de zieke patiënt een nier wordt onthouden en mogelijk sterft. Louter op basis van een constructie. Ik ben geneigd naar de feiten te kijken: ik wil een nier afstaan en iemand anders zit op een nier te wachten. Punt.

'Noem eens zo'n motief.'

Egoïsme kan een drijfveer zijn. Of altruïsme, wat die containerbegrippen ook precies mogen betekenen. Misschien is het masochisme of anarchisme? Wie zal het zeggen? Maar wat maakt het uit?

'Veel, lijkt mij.'

Waarom? Een verzetsheld schiet een nazi dood. Na de oorlog wordt hij een held. Maar nu een paar stappen terug... Stel dat hij met die actie indruk wilde maken op zijn vrienden, omdat hij altijd het pispaaltje is... Of stel dat hij zich wilde afzetten tegen het burgerlijke bestaan van zijn ouders en nu een legitieme kans kreeg om iets abnormaals te doen... Na de oorlog is niemand in die motieven geïnteresseerd. Die nazi is uit de weg geruimd door een Held. Klaar. De feiten blijven over. Net als met die nier. Mijn motieven zijn niet aan de orde. Feiten en motieven leiden afzonderlijke levens.

'Is dat zo?'

Zoals ik al zei, begrippen als altruïsme of masochisme zijn niet meer dan constructies waaraan positieve of negatieve connotaties hangen. Als ik zeg: ik wil mensen helpen, dan ervaren mensen dat als positief. Noem ik masochisme als drijfveer van mijn donatie, dan keuren mensen dat af. Terwijl die drijfveer zuiverder kan zijn dan altruïsme. Het is maar hoe je ertegenaan kijkt... Bovendien weet iedereen diep vanbinnen dat motieven zelden zuiver zijn, maar een amalgaam van min of meer opportunistische drijfveren.

'Ben je masochistisch ingesteld?'

Vast en zeker. Net als u. En net als alle andere mensen.

'Verklaar je nader.'

Volgens mij is masochisme een van de belangrijkste drijfveren van de mens. Kijk naar Jezus. Hij liet zich afranselen en kruisigen voor de zonden van de mensen. En miljarden mensen bewonderen die daad. Sterker nog, in overdrachtelijke zin kopiëren ze hem naar hartenlust... En neem eens een kijkje op het sportveld, of in de gemiddelde slaapkamer. Pijn en vernedering zijn fijn.

'Ik denk dat je daarin gelijk hebt.'

Misschien wel, maar het maakt geen verschil. Motieven zijn niet meer dan geestelijke handvatten om daden te verklaren. Als we zouden stoppen met het opsporen van verklaringen zou er meer worden gehandeld. Het zoeken naar drijfveren levert hooguit drijfzand op. Menigeen laat zich daarin vastzuigen en komt vervolgens niet meer tot actie. Laat staan tot het doneren van een nier.

'Je begrijpt toch wel dat wij zorgvuldig te werk gaan? Het kan een bevlieging zijn.'

Láát het een bevlieging zijn. Wat maakt het uit? Je rug vol laten tatoeëren kan ook een bevlieging zijn. Zwanger worden ook. Bovendien kun je een nier gewoon missen. Krijg je spijt, dan is er niks aan de hand. Heb je eenmaal een kind en je krijgt daar spijt van...

'Je hebt het nu wel over onvergelijkbare grootheden.'

Die zijn helemaal niet onvergelijkbaar. Ik vergelijk ze

toch met elkaar? Bovendien kunnen ze voortkomen uit eenzelfde bevlieging. Maar laat ik u geruststellen, bij mij is er geen sprake van een bevlieging. Mocht dat zo zijn, dan was ik allang afgehaakt, met al die onderzoeken.

'Zeg je hiermee ook dat wij te zorgvuldig zijn?'

Misschien wel, ja. Als iemand parachute wil springen, dan zal geen psycholoog daar vooraf met hem over praten. Terwijl het in feite een roekeloze daad is. Het risico op overlijden is reëel, de kans op invaliditeit relatief groot. En toch staat parachutespringen bekend als avontuurlijk en stoer. En waarom willen jongeren soldaat worden? De flirt met de dood erotiseert.

'Nou, nou...'

En geldt dat niet ook voor bergbeklimmen en autoracen? Zo af en toe lees ik een interview met zo'n 'sporter' die dan dapper beweert dat hij regelmatig 'in de afgrond kijkt', letterlijk en figuurlijk. *Living on the edge.* We lezen dat en vinden het gaaf. Waarom? Omdat we allemaal een stukje doodsverlangen in ons hebben. Alleen stopt de een het wat beter weg dan de ander, al dan niet bewust.

'Hebben we allemaal een doodsverlangen?'

Dat denk ik wel. Waarom zouden we anders een hiernamaals verzinnen en daar massaal de meest fantastische fantasieën op projecteren? Volgens mij is het verlangen naar de dood ook nodig, want je bent sterfelijk. Je kunt je dus maar beter met dat lot verzoenen, er een beetje naar verlangen, het mooier maken dan het is. Dat is toch de kern van religie. Denkt u niet?

'Als je het zo formuleert, ben ik het met je eens. Maar

veel mensen associëren doodsverlangen met zelfmoord. Kun je je daar iets bij voorstellen?'

Ik kan me overal iets bij voorstellen. Al ben ik zelf niet zo'n tegenstander van zelfmoord. Ik heb daar vrij liberale opvattingen over.

'Laten we daar maar niet op doorgaan... Of het moet zijn dat je daar behoefte aan hebt?'

Nee hoor. Volgens mij dwalen we behoorlijk af.

'Dat valt wel mee. Alles wat wij hier bespreken is relevant. Met al die informatie moet ik zo meteen een oordeel vellen en–'

Een oordeel vellen?

'Ik druk het te zwaar uit. Van mij wordt verwacht dat ik al dan niet mijn fiat geef aan de operatie.'

Dus u kunt de donatie tegenhouden?

'In feite wel, ja.'

Dan moet u wel verdomd goede argumenten hebben, want er staat mogelijk een leven op het spel...

'Zo bekijk ik het niet. Ik onderzoek of de donor zijn handelen kan overzien.'

Kijk, dat is nu precies waar ik het net over had. Intellectuele constructies zitten handelen in de weg. U vindt wellicht dat een potentiële donor onvoldoende heeft nagedacht en geeft een negatief advies aan... aan wie eigenlijk?

'Aan professor Brocken.'

U geeft dus een negatief advies en de mogelijke ontvanger sterft voordat er een nieuwe donor is die wél voldoet aan de constructies. Terwijl die constructies pure fictie zijn. Beseft u de reikwijdte van uw oordeel?

'Ik werk nu eenmaal in een ziekenhuis dat zorgvuldig werkt.'

Zorgvuldig kun je op zoveel verschillende manieren interpreteren. Een doodzieke patiënt aan een nier helpen noem ik ook zorgvuldig.

'Je snapt denk ik heel goed wat ik bedoel.'

Jawel. De samenleving zit op dezelfde manier in elkaar. We inventariseren onze angsten, structureren die en kneden vervolgens een mal waarin ook anderen moeten passen.

'Sla je nu niet een beetje door?'

Ach.

'Ik wil het gesprek graag afronden... Heb jij nog specifieke vragen over de nierdonatie?'

Ja, twee. Ze houden me al een tijdje bezig... Eén. Zijn er gevallen bekend waarin de donor zijn nier gaat missen? Ik bedoel, echt gaat missen, op het ziekelijke af.

'Ik weet dat na amputatie verschillende patiënten hun geamputeerde lichaamsdeel een tijdje kunnen voelen, een been of een arm. Dat gevoel houdt vaak jaren aan. Het hersengebied dat correspondeerde met het geamputeerde deel is dan nog actief. Maar ik ben geen arts. Het lijkt me sterk dat een weggehaalde nier zo'n effect kan hebben. Je nieren werken immers buiten je bewustzijn om; die voel je niet. Ben je daar dan bang voor?'

Nee, maar ik ben er wel nieuwsgierig naar. Stel dat ik mijn nier ga missen?

'Dat lijkt me een hypothetisch geval. Je hebt het de hele tijd over intellectuele constructies. Nou, dit lijkt me daar een duidelijk voorbeeld van.'

U heeft gelijk. Eigenlijk is het aanstellerij om hierover na te denken.

'Dat zijn jouw woorden... Je had toch twee vragen?'

Mijn tweede vraag ligt wel op uw terrein, veronderstel ik. Ik help graag andere mensen, al mijn hele leven. Heeft iemand geld nodig, dan kan hij het krijgen. Loopt iemand vast in zijn relatie, dan sta ik klaar, dag en nacht. En nu dus die nier, een relatief extreme vorm van iemand helpen... Is daar een psychologische verklaring voor?

'Het kan erop duiden dat je jezelf wegcijfert, op de achtergrond plaatst... Misschien heb je iets te verbergen. Kwetsbaarheid bijvoorbeeld, of je seksuele geaardheid?'

Ik heb daar natuurlijk zelf ook over nagedacht. Maar ik kom er niet uit... Gevoelig ben ik zeker, maar ik beklim ook regelmatig het podium – als u begrijpt wat ik bedoel. Tegenwoordig lukt dat redelijk. Vroeger was ik overgevoelig en extreem verlegen. De lange haren en heavy metal hielpen mij door mijn pubertijd heen. Daarna bracht een bril uitkomst, waardoor–

'Een bril?'

Ja, zette ik die tijdens een vergadering af dan werd de omgeving aangenaam wazig. Die mist maakte de priemende blikken onzichtbaar. Dat maakte het leven enigszins dragelijk... Een zware tijd. Totdat ik eindelijk een antidepressivum ging gebruiken. Zo rond mijn dertigste. Ik functioneerde weer.

'Het is een wondermiddel, ik weet het.'

En wat die seksualiteit betreft, zijn we niet allemaal een beetje latent biseksueel?

'Hoe bedoel je dat?'

Ik voel me fysiek enorm aangetrokken tot vrouwen, maar geestelijk meer tot mannen. Ik kan me een situatie voorstellen dat ik ervoor kies om met een man samen te gaan leven. Maar de seks met een vrouw kan ik niet afzweren. Volgens mij hebben we allemaal van die ambivalente gevoelens. De klassieke literatuur staat er vol mee.

'Dat weet ik niet. Het is wel zo dat we allemaal een vrouwelijke en mannelijke kant hebben. Bij de een komt die sterker naar voren dan bij de ander. Maar biseksueel zou ik dat niet willen noemen.'

Dat mag.

'Heb je een vriendin?'

Meerdere... Ik zie u kijken. U bedoelt een geliefde? Nee, mijn relatie is nog niet zo lang geleden geëindigd.

'Vervelend voor je. Zeker nu je voor zo'n belangrijke beslissing staat.'

Mijn geliefde was niet zo dol op beslissingen, vandaar...

'Het ligt gevoelig?'

Valt wel mee.

'Om terug te komen op je vraag: geven kan duiden op afschermen. Let wel, kán duiden. De psyche heeft ook voor ons psychologen nog vele geheimen.'

Constructies, constructies, constructies. Er zullen er vast en zeker nog vele volgen. Onze geest blijft het proberen, ha ha. Maar zoals ik al zei: het zijn de daden die tellen. En dus ga ik een nier afstaan. Althans, als u akkoord bent...

'Ik zie geen aanleiding om de operatie tegen te houden. Ik zal professor Brocken laten weten dat ik geen be-
zwaren zie. Je weet wat je doet en je hebt er duidelijk over
nagedacht. Het is jouw lichaam.'

14

daarna de oranje lijn

(de collega)

donderdag 8 oktober 2009, 9.45 uur

'En, was de psycholoog net zo'n ei als de maatschappelijk werker?'

Even dit mailtje beantwoorden... Zo, u vroeg?

'Psycholoog. Ei. Vraagteken.'

Het zijn natuurlijk niet de grootste lichten die op die positie terechtkomen. Om niet meer dan een schakeltje te zijn in een dichtgetimmerde procedure, moet je geen al te hoge ambities hebben... Ben je wel eens naar een arbo-arts geweest?

'Ja.'

Vond je hem geen afgekeurde huisarts?

'Het was inderdaad een hij. En hij maakte zeker geen sterke indruk.'

Vrouwen kom je op die mislukte posities niet tegen. Ofwel ze werken op niveau, ofwel ze gaan thuis zitten, al dan niet onder het mom van 'er voor de kinderen zijn'. Nepgesprekken voeren en krabbeltjes plaatsen onder onpersoonlijke dossiers gaat vrouwen te ver. En gelijk hebben ze.

'De psycholoog was dus een ei?'

Minder dan de medisch maatschappelijk werker, maar hij beschikte absoluut over een zekere *eggness*. Uiteraard.

'Je hebt je dus weer geamuseerd?'

Zeker Arthur, zeker. Weet je trouwens hoe je in het Erasmus Medisch Centrum naar de verschillende afdelingen wordt geleid?

'Bordjes? Richtingaanwijzers?'

Met gekleurde lijnen! Alle vloeren zijn voorzien van bonte strepen. Die moet je dan volgen. Voor het bloedprikken moest ik de blauwe lijn volgen. Daarna de oranje lijn tot aan de receptie van de longafdeling en vervolgens de gele lijn naar de wachtkamer. Na de longfoto via de witte lijn naar cardiologie, voor een hartfilmpje. En die lijnen maken hoeken van negentig graden in de bochten, geen kwartcirkel. Heel mooi allemaal. Op sommige plekken is het een kluwen van kleuren, een vierkante knot wol van slangen. Maar als je de juiste lijn volgt, kom je altijd op de plaats van bestemming aan.

'Verdomde handig.'

Zeker. En lekker surrealistisch. Alsof je door een jaren-zeventigfilm wandelt. Je mist alleen de *campy* muziek... De kleuren lijken me trouwens willekeurig gekozen. Blauw en bloed, voíla. Maar wit en cardiologie, daar kan ik geen logische symboliek aan toekennen... Via geel naar de longafdeling, nee dat klopt ook niet... Alhoewel, fluimen zijn behoorlijk gelig. Maar groen en nefrologie...? En toch hebben ze hier uitvoerig over vergaderd. Fascinerend. Misschien ontdek ik de volgende keer wel een verborgen patroon. En duikt er ergens wel een loodkleur op... Heb je trouwens wel eens een longfoto laten maken?

'Nee, hoezo?'

Ze plakken loden kogeltjes op je tepels. Anders verschijnen twee zwarte plekjes op de foto. Een verkeerde diagnose is dan makkelijk gesteld.

'Dat wist ik niet. Nog meer avonturen beleefd?'

Negen buisjes bloed afgenomen... Ik was zo stom om naderhand meteen op te staan. Ik ging bijna van mijn graat. Dat had ik nooit eerder meegemaakt... Net of de televisie wordt uitgezet; het beeld verandert in een tunnel en daarna wordt het een punt. Ik ben zeker tien minuten blijven zitten voor mijn krachten een beetje terugkwamen. Mijn gehoor leek ook te verdwijnen. Alles klonk dof en ver weg.

'Mietje.'

Gek hè? Dat heb ik nooit eerder gehad... De buisjes bloed worden trouwens door vrijwilligers weggebracht naar verschillende laboratoria. Door groezelige Rotterdammers die hun ongeduldige aanwezigheid maar bleven etaleren. Een paar buisjes gingen geloof ik naar Leiden, dat kon ik uit het ordinaire geschreeuw opmaken, voor de kruisproeven. Een van de vrijwilligers had trouwens zijn gulp wagenwijd openstaan. Hij stond te praten met de hoogzwangere afdelingssecretaresse. Op de

een of andere manier gaf dat een onsmakelijk plaatje...
Tot zover de avonturen. Nee, wacht, er was nog iets. Ik
zat boven te wachten voor de longfoto en toen kwam
mijn nefroloog langs met–

'Nefroloog?'

Professor Brocken, de nierarts. Hij begeleidde een
echtpaar van middelbare leeftijd én hun zoon... een mongool!

'Dus?'

Ik dacht meteen, stel dat die mongool mijn nier
krijgt...

'Ha ha, dat zou pas een grap zijn.'

Ik zou het trouwens niet erg vinden. Mongolen hebben vaak plezier in het leven. Ik geef graag mijn nier aan
een vrolijk mens.

'Had jij geen geestelijk gehandicapte oom?'

Sterker nog, ik ben zijn mentor. Ik heb die taak van
mijn vader overgenomen. Dat had ik beloofd op zijn
sterfbed. Elke twee weken ga ik bij hem op bezoek... Maar
terugkomend op die mongool, mijn nier gaat niet naar
hem. Ik zit in een programma waarbij de partner van de
ontvanger ook een nier doneert. Mongolen hebben zelden een partner.

'Dat heb je me verteld, van dat programma. Met een
domino-effect, toch?'

Precies. Een fascinerende constructie. Een spel met
meerdere winnaars, waar zie je dat nog tegenwoordig?

'En dan nu de hamvraag: nog een afgelegen toilet gevonden om te poepen?'

Een prima vraag, ik wil u daarmee feliciteren.

'Ik ken je fetisj.'

Fetisj, fetisj... Ik poep graag in grote gebouwen, dat is alles. Lekker zitten op een afgelegen plekje. Niemand weet dat ik er ben. Bij mij werkt dat nu eenmaal laxerend... Ik noem het eerder existentialistisch. Ik ben me op zo'n moment volkomen bewust van mezelf, voel me onzichtbaar en veilig. Ik kan me dan heerlijk ontspannen... In het ziekenhuis zijn trouwens veel van die hoekjes. Ik ben naar de vierde etage gegaan. Niemand te zien. Perfect. Het klinkt misschien bizar, maar ik ben op zo'n moment volkomen gelukkig, echt...

'Zie ik daar tranen verschijnen?'

Arthur, Arthur, maak het maar weer belachelijk. Ik zou zeggen, probeer het eens. Wie weet, misschien ontdek je jezelf op het toilet. Dat zou eens tijd worden.

'Ben je ook weer naar Boijmans geweest?'

Opnieuw een goede vraag. Ik kan die bevestigend beantwoorden. Bij elk bezoek aan het ziekenhuis moet ik *De verheerlijking van Maria* van Geertgen tot Sint Jans even zien. Daar gaat zo'n troost van uit. Ik ben niet gelovig, maar als ik voor dat schilderijtje sta, begin ik bijna te twijfelen.

'Wat?'

Bij wijze van spreken, Arthur.

'Gelukkig. Ik schrok even.'

Weet je trouwens wat ook gek is, ik was het bijna vergeten... In de bloeddrukkamer werd ik alleen gelaten. Mijn arm was gekoppeld aan een mechanische bloeddrukmeter, een soort pompend wezen met bliepjes. Ik moest daar een kwartier blijven zitten, alleen. Ik keek om me heen. De kastdeur stond op een kier. Met mijn voet duwde ik die verder open. Wat denk je? De schappen lagen vol met spuiten en kleine flesjes. Volgens mij waren dat vloeibare pijnstillers. Honderden medicijnen voor het grijpen.

'Slordig.'

Een tip voor verslaafden: meld je aan voor een nierdonatie, doorloop een aantal onderzoeken en grijp je kans als je alleen in de bloeddrukkamer wordt achtergelaten. Vul je rugzak en je hebt voor jaren voorraad.

'Zet het op internet.'

Misschien doe ik dat wel. Of ik schrijf het op in een boek.

'Onze messias neemt het nu ook al op voor de hasjkikkers en heroïnehoertjes.'

En waarom niet?

'Concentreer je liever eens op ons bedrijf. Straks ben je een paar weken afwezig. We moeten dat wel goed regelen.'

Nu komt de aap uit de mouw!

'Hoe bedoel je?'

Je vindt het maar niks dat ik een paar weken afhaak. Ben je bang dat je het alleen niet redt? Is dat het?

'Doe niet zo raar... Natuurlijk heb ik liever dat we de tent met zijn tweeën runnen, dat lijkt me logisch. Maar je kunt de operatie toch plannen in een periode dat het minder druk is? In de zomerperiode bijvoorbeeld?'

Ik kan dat niet beloven. Maar natuurlijk zal ik proberen te sturen.

'Dat lijkt me logisch.'

Maar ik wil wel met je afspreken dat we de ingreep niet aan de grote klok hangen. Klanten hoeven er niks van te weten.

'Net zei je nog dat je er een boek over ging schrijven.'

Dat was een grap.

'Waarom mogen onze klanten het niet weten? Het is toch een goede daad. Misschien levert het wel extra werk op.'

Absoluut niet! Ik ga mezelf niet op de borst kloppen omdat ik een nier afsta. Het is een kleine moeite... We houden het zo veel mogelijk stil. Afgesproken?

'Jij beslist. Het is jouw nier.'

Daar gaat het niet om. Ik heb een hekel aan mensen en bedrijven die te koop lopen met hun zogenaamde goede daden. *People, Profit, Planet.* Maatschappelijk Verantwoord Ondernemen. Bah. Vrijwilligerswerk doen, maar dan alleen als de schijnwerpers op ze gericht zijn. In de hoop later een lintje te krijgen. Om dat bij gelegenheid opzichtig op hun revers te kunnen dragen. *Kijk eens, ik ben een held!* Terwijl hun daden voortkomen uit egoïsme, puur uit egoïsme.

'Mensen die iets voor de samenleving betekenen, mag je toch zeker in het zonnetje zetten?'

Mensen die zich laten decoreren deugen niet. Punt.

'Heb ik iets verkeerds gezegd?'

Nee, maar ik heb een hekel aan mensen die zich laten fêteren. Om de meest onbenullige wissewasjes nog wel. En als dan later blijkt dat ze toch niet zo koosjer zijn, moeten de onfrisse praktijken natuurlijk worden weggepoetst. Lintjesdragers deugen niet. Mensen die hun eigen feestje regisseren, gadverdamme.

'Dat doet je goed, die ziekenhuisbezoeken...'

Hoezo?

'De laatste tijd ben je me toch vaak een partij chagrijnig.'

Is dat zo?

'Ja, dat is zo. Van het ene op het andere moment schiet je uit je slof.'

Ik zal erop letten, Arthur... Ah! De plicht roept. Neem jij even op?

15

in een gouden graal

(de vriend)

zondag 25 oktober 2009, 15.00 uur

Eric-Jan... Dat is een tijdje geleden...
'Komt het uit dat ik bel?'
Jawel... Ik zat te lezen.
'Ik dacht, ik hoor maar niks, ik zal eens bellen...'
Ja.
'Hoe gaat het met je?'
Redelijk.
'En met je vader?'
Die is een paar maanden geleden overleden.
'Shit... Gecondoleerd...'
Dank je.
'Hoe gaat het met je moeder?'
Redelijk.
'Waarom heb je eigenlijk niks laten weten?'
Tja, vergeten waarschijnlijk...

'Hoe is hij gestorven?'

Euthanasie.

'Poeh... Zal wel zwaar zijn geweest?'

Ach...

'Weet je zeker dat het gelegen komt?'

Ja, hoezo?

'Je bent niet echt spraakzaam.'

Wat moet ik antwoorden... Het viel allemaal niet mee. Het voorspel was goed, maar het hoogtepunt was zwaar.

'Dat kan ik me voorstellen.'

Een uur voor hij stierf hebben we samen een laatste biertje gedronken en geklonken op de afsluiting van een geslaagd leven. Dat zegt volgens mij wel alles.

'Ik krijg het er koud van... Maar waarom heb je mij niets laten weten?'

Vergeten, druk... Ik weet het niet...

'Dat betwijfel ik. Jij weet altijd heel goed wat je doet.'

Ja.

'Had het iets te maken met ons laatste gesprek?'

Misschien wel, ja.

'Dat met die nier, dat was geen onzin, hè?'

Nee.

'Ik wist het. Zoiets verzin je niet. Zoiets verzin zelfs jij niet.'

Ik weet het niet.

'Volgens mij weet je het wel. Kom op man, tegen mij kun je het toch wel zeggen. We kennen elkaar al zo lang.'

Ik was bang dat je mijn plannen zou doorkruisen. Je zei dat ik je medeverantwoordelijk maakte. Dat wilde ik niet.

'We hadden een openhartig gesprek. Ik reageerde nogal offensief, dat klopt. Maar kun je je voorstellen dat ik schrok van je plannen?'

Dat kan ik zeker.

'Hoe vaak je tegen mij wel al niet hebt gezegd dat je het leven beu was, dat je verlangde naar de dood.'

Dat valt wel mee, toch?

'Nee, je hebt het er vaak over gehad.'

Zo is het nu eenmaal... Daar hoeven we toch niet dramatisch over te doen? De een verlangt ernaar, de ander niet. Terwijl ze allebei sterven. Is het dan zo bedreigend dat ik het leven niet de moeite waard vind? Dat mag toch? Is het voor jou makkelijker te hanteren als ik een terminale ziekte zou hebben?

'Overdrijf je nu niet een beetje?'

Nee, dat vind ik niet.

'Je hebt ergens wel gelijk... Ik ben bang voor de dood. Dat weet je. Misschien reageerde ik daarom wel zo fel.'

Dat lijkt me een plausibele verklaring.

'Wanneer gaat de nier eruit?'

Ik weet het niet. De onderzoeken zijn bijna afgerond. Daarna hoor ik het wel.

'Dat klinkt als een grondig traject.'

Ik ben binnenstebuiten gekeerd. Ze opereren alleen als ik voor de volle honderd procent gezond ben.

'Ik neem aan dat ze je geest voor het gemak buiten beschouwing laten, ha ha.'

Min of meer. Ik heb wel een aantal gesprekken moeten voeren over mijn motieven, maar... Je snapt het denk ik wel.

'Het lijkt me voor jou geen probleem om ze op het verkeerde been te zetten.'

Niet echt, nee.

'Zie je ertegen op?'

Totaal niet. Telkens als ik in het ziekenhuis ben, voel ik me kiplekker. Gek hè? Ik amuseer me eigenlijk prima. Ik praat met de artsen, met patiënten, ik loop rond en observeer. Al mijn zintuigen staan open. Zo mat als ik me normaal gesproken voel, zo springlevend word ik in het ziekenhuis. Ik loop rond als Clown Leo uit de cartoonreeks van Gummbah. Het enige verschil is dat ik mijn mond houd. Althans, buiten de onderzoeken om.

'Misschien voel je je zo goed omdat je enigszins aan je dood werkt?'

Zou kunnen. Maar de kans dat ik overlijd is één op de tweeduizend. Gering. Uiterst gering.

'Helemaal niet... Stel: je gaat naar een concert in 013. Volle bak, tweeduizend man. Een persoon uit het publiek wordt willekeurig uitgekozen om... om weet ik wat. Die kans is aanzienlijk.'

Nee, uiterst gering... Het zou trouwens mooi zijn om een concert te organiseren voor alleen maar depressievelingen. Tijdens het optreden wordt één persoon uitgekozen om op het podium te sterven. Hij drinkt een dodelijke cocktail in een gouden graal... Wedden dat de zaal bomvol zit?

'Ik zal er in elk geval niet bij zijn.'

Prachtig lijkt me dat. Ik denk dat iedereen totaal in vervoering zal raken bij de muziek. De dood is relatief dichtbij, alle zintuigen staan wagenwijd open. Een ervaring waar je u tegen zegt...

'Net noemde je de kans van één op de tweeduizend nog uiterst gering?'

Dat is hij natuurlijk ook. Ik trek voor het gemak een parallel met mijn eigen euforische gevoel bij de onderzoeken, maal tweeduizend... Maar kijk eens naar jezelf. De kans dat jij binnenkort sterft, is één op de zoveel miljoen. En toch ben je bang. Eén op de tweeduizend komt dan voor jou wel akelig dichtbij...

'Voor jou is die kans waarschijnlijk veel te klein.'

Ik weet het niet. Misschien koketteer ik wel met mijn doodsverlangen. Dat zou zomaar kunnen. Ik weet in elk geval wel zeker dat zelfmoord geen optie is. Ik neem mijn leven daar niet serieus genoeg voor. Ik doe anderen niet graag verdriet en wil ze niet opzadelen met een schuldgevoel.

'Als je op de operatietafel sterft, is er ook verdriet.'

Heel even maar. De trots zal het snel winnen van de tranen. Mijn zoon is een held. Mijn broer gaf zijn leven voor een ander. Bla bla bla... Misschien word ik wel zalig verklaard. De nieuwe Peerke Donders!

'Hoor ik daar de eerste groeistuipen van een christussyndroom?'

Ik ben katholiek opgevoed, dus dat zou kunnen... Al die hosties hebben mijn geest waarschijnlijk behoorlijk aangetast. Jezus Christus is mijn held, mijn grote voorbeeld, ik wil leven zoals hij!

'Ja, relativeer het maar weer kapot. Jij neemt ook niks serieus... Neem je mij wel serieus?'

Heb je daar behoefte aan?

'Ja, daar heb ik behoefte aan.'

Dan is het antwoord: ja.

'Ik geloof er geen snars van.'

Ik doe mijn best... Ik kan er toch ook niks aan doen dat de dood met mij blijft flirten. Misschien is het een afwijking, misschien het noodlot, wellicht ook niet meer dan aanstellerij, wie zal het zeggen? Volgens mij ga ik er verstandig mee om. Jij bent de enige die een inkijkje heeft in mijn drijfveren. Maar vergeet niet: er zijn meerdere inkijkjes mogelijk. En elk gat in de kijkdoos geeft een ander perspectief... Heb je de film *Rashomon* gezien?

'Nee, ken ik niet.'

Die film laat zien dat verschillende werkelijkheden naast elkaar kunnen bestaan. En allemaal even plausibel zijn.

'Je speelt met je leven.'

Laten we niet vergeten dat ik iemand help. Iemand die anders mogelijk sterft. En misschien is die iemand wel net zo bang voor de dood als jij.

'Jezus spreekt.'

Nee, Eric-Jan, de realist spreekt. Als het aan jou ligt, wordt de operatie op morele gronden afgekeurd. Jíj krijgt van de moraalridders gelijk, ík moet boete doen voor mijn ijdelheid en de patiënt sterft. Probleem opgelost... Ik kies voor een variant waarbij de patiënt nog lang en gelukkig leeft. Mijn motieven doen totaal niet ter zake. Totaal niet. Begrijp je dat?

'Ja, maar ik ben het er niet mee eens. Veel te kort door de bocht.'

Maak de bocht dan eens wat ruimer.

'Eh...'

Dat ik daar niet eerder aan heb gedacht. Met dat argument trek je me over de streep! Wat ben ik blij dat ik je spreek. Had ik bijna iets doms gedaan.

'Spot er maar mee.'

Zie je dan niet in dat onze ego's een strijd voeren, niets meer en niets minder? Een wedstrijd die per definitie geen winnaars kán opleveren. We schermen met constructies, meer doen we niet. We stellen ons aan.

'Dus je geeft toe dat jouw doodsverlangen een constructie is?'

Zeker. Mijn geest drijft op constructies. Vandaar dat ik probeer een metapositie in te nemen. Kijk die twee eens bakkeleien! Sjonge jonge... Met als resultaat dat ik afstand kan nemen van de mallen waarin wij spartelen en waarin we tegen beter weten in avonturen proberen te zoeken. En juist daardoor kan ik dus een nier afstaan. Afstand.

'Ook die metapositie is een constructie.'

Absoluut. Maar de doodzieke patiënt die blijft leven is géén constructie. Probeer daar eens op in te zoomen.

'Dat vind ik moeilijk.'

Dat is het natuurlijk ook. Tel daarbij op dat we leven in een samenleving waarbij *nemen* het hoogste goed is, en je begrijpt dat ik echt mijn best moet doen om van die nier af te komen.

'Weer die ironie.'

Heb je andere voorkeuren?

'Ik weet het niet. Het gesprek wordt me te ingewikkeld.'

Het leven ís ingewikkeld. Maar af en toe krijg je de

kans om datzelfde leven een hak te zetten, de ingewikkeldheid te negeren. Voor mij is dat moment nu aangebroken. En ik laat die kans niet aan me voorbijgaan.

'Iets anders. Hoe staat het met de liefde?'

16

allright HAL!

(de MRI-man)

woensdag 18 november 2009, 15.05 uur

'Je kunt je in dit hokje uitkleden. Laat je T-shirt maar aan. Hier heb je een broek die je kunt aantrekken.'

Waarom kan ik mijn eigen broek niet aanhouden?

'Daar zitten ijzertjes aan. Ik zal dat zo meteen wel uitleggen. Je hebt het ook in de folder kunnen lezen.'

Die heb ik niet ontvangen. In de afspraakbrief stond er wel iets over, maar helaas... En net bij het secretariaat vroeg ik naar een exemplaar, maar ze hadden er geen meer. Ik ben wel benieuwd, want kijk eens wat hier in koeienletters op de deur staat...

'Standaardprocedure.'

Bij MRI-*onderzoek wordt gebruikgemaakt van een sterk magneetveld. Dit magneetveld kan in bijzondere gevallen schade veroorzaken. Zie ook de informatie in de folder.* Alweer die folder. Dat moet wel een bijzonder iets zijn. Misschien kom ik ooit eens in de gelegenheid om er een blik in te werpen. Heeft u er niet toevallig eentje voor mij?

'Nee, in de onderzoeksruimte hebben we geen informatiemateriaal.'

Ik wist trouwens ook niet dat ik een infuus zou krijgen. Maar goed, ik ben niet zo flauw en pas me snel aan. Onverwachte gebeurtenissen zijn meestal wel de moeite waard, vindt u niet...? Vervolgens wees de bloedprikmevrouw me de weg naar hier. 'De oranje lijn volgen, door de klapdeuren, dan de blauwe lijn en vervolgens twee keer links.' En hier sta ik. Met in mijn handen een blauwe ziekenhuisbroek. Een zachte stof, zo te voelen van prima kwaliteit.

'Dat infuus is ingebracht omdat we je een contrastvloeistof gaan inspuiten. Maar ook dat leg ik je dadelijk uit. Kleed je maar vast uit en trek de broek aan, dan kom ik je over een paar minuten halen. Oké?'

Ik vind het allemaal prima. Hoe lang gaat het onderzoek eigenlijk duren?

'Een kleine drie kwartier.'

Mooi.

*

'Nog een moment, het duurt ietsje langer. We moeten nog een extra serie draaien bij de vorige patiënt. Daarna ben jij aan de beurt.'

Doet u maar rustig aan. Ik zit hier prima. Ik ben graag alleen in een kleine ruimte.

*

Geel en hemelsblauw.

'Wat bedoel je?'

Mijn T-shirt is geel, de ziekenhuisbroek hemelsblauw. Kent u de kleurenleer van Goethe, *Zur Farbenlehre*?

'Nooit van gehoord.'

Donker en licht. Vanuit de polariteit blauw en geel kunnen de andere kleuren worden verklaard.

'Daar weet ik niets van.'

Terwijl uw ziekenhuis toch veel belang hecht aan kleuren.

'Hoezo dat?'

De vloeren zijn een wirwar aan gekleurde lijnen. Zit daar overigens een systeem in? Dat moet haast wel. Ik werd via een blauwe lijn hiernaartoe geloodst en kijk... een hemelsblauwe broek.

'Dat is toeval, hoor. Hoe ze aan de kleuren komen, is voor mij ook een raadsel. Maar het blijkt prima te werken.'

Zou toeval dan toch bestaan?

'Wie zal het zeggen. Nee, van die Goethe heb ik nog nooit gehoord.'

Die Leiden des jungen Werthers?

'Wat is dat?'

Een boek. Van diezelfde Goethe.

'Nee, ik ben ook niet zo'n lezer.'

Geel en hemelsblauw. De kleuren van de zelfdood.

'Dat klinkt lekker vrolijk.'

Inderdaad. Het boek veroorzaakte een modegolf van

geel en blauw én een fors aantal zelfmoorden...

'Je lijkt het leuk te vinden... Goed. We gaan met het onderzoek beginnen. Ga eerst hier maar even zitten, dan leg ik je uit wat we gaan doen... Je hebt nooit eerder een MRI-onderzoek gehad?'

Nee.

'Bij het MRI-onderzoek maken we gebruik van een sterk magnetisch veld en van radiogolven. Het is een relatief nieuwe techniek waarmee we het menselijk lichaam tot in detail kunnen onderzoeken, met name ook de stofwisselingsprocessen. We maken bij dit onderzoek geen gebruik van röntgenstralen, wat velen denken. Het onderzoek is dus niet schadelijk, voor zover bekend.'

Heel goed. We kunnen niet alles weten.

'Heb je een pacemaker of kunstmatige hartklep?'

Nee.

'Heb je in je hoofd een metalen clip voor bloedvaten?'

Ook niet.

'Een gehoorwegenprothese in het binnenoor?'

Nope.

'Metaalsplinters in het oog?'

Metaalsplinters in het oog?

'Werk je in een omgeving waar metaalsplinters vrij kunnen komen, bijvoorbeeld in een fabriek?'

Nee.

'Draag je kunstlenzen?'

Nooit gedaan. Altijd een bril. Mijn ijdelheid is begrensd.

'Zitten er in je lichaam andere metalen voorwerpen?'

Niet dat ik weet.

'Heb je last van claustrofobie?'

Ik heb nooit in zo'n apparaat opgesloten gezeten, maar ik verwacht geen problemen. Ik kan me goed concentreren.

'Prima. Tijdens het onderzoek gaan we je een contrastvloeistof toedienen. Deze vloeistof is nodig om extra informatie te krijgen over de toestand van de weefsels en in jouw geval vooral van de nieren. Het kan zijn dat je straks een koud gevoel ervaart in de arm waarin het infuus zit. Een enkele patiënt klaagt over een pijnlijk gevoel. Maar als het goed is, merk je er weinig van. Tot zover alles duidelijk?'

Absoluut. U legt het glashelder uit. Daar kan geen folder tegenop.

'Zo meteen krijg je van mij oordopjes. Het apparaat is nogal luidruchtig, vandaar. En tijdens de opnames hoor je extra veel lawaai. Probeer zo ontspannen mogelijk te blijven liggen. Als je tijdens de opname beweegt, wordt de opname verstoord.'

Hoeveel opnamen maakt u?

'Een stuk of zes. We geven je straks een aantal commando's die je moet uitvoeren: inademen, uitademen, niet ademen en rustig doorademen. Het niet ademen duurt ongeveer twintig seconden. Dat is het moment dat we de opname maken.'

Dat lijken me duidelijke instructies.

'Dan mag je nu plaatsnemen in de tunnel. Mijn collega helpt je daarbij. Zij geeft je ook een drukknop. Druk je die in, dan stoppen we direct het onderzoek en halen je eruit. Het onderzoek is overigens pijnloos.'

*

'Inademen...'

  'Uitademen...'

  'Niet ademen...'

  'Rustig doorademen...'

  'Je doet het goed.'

  'Inademen...'

  'Uitademen...'

  'Niet ademen...'

  'Rustig doorademen...'

  Allright HAL!

  'Wat zeg je?'

  Allright HAL!

  'We kunnen je niet verstaan. We zetten het onderzoek even stop en halen je eruit.'

  Dat is niet no–

*

'Wat is het probleem?'

Er is geen probleem. Ik zei alleen: *allright* HAL! Een verwijzing naar *2001: A Space Odyssey* van Stanley Kubrick. De stem in de scan deed mij denken aan die van HAL 9000, de boordcomputer... Ik wist trouwens niet dat jullie mij kunnen horen, met al dat lawaai. Alsof de louteringsberg begint te trillen. Ik kan zelfs de aanwijzingen bijna niet verstaan.

'Ik zal de commandostem wat harder zetten. En wij kunnen je dus horen. Daarom kun je beter niks zeggen, dan kunnen wij ons werk doen. Als er iets is, dan kun je op de knop drukken. De opnames zijn duur, dus gewoon rustig blijven liggen. Oké?'

Yes, Sir!

*

'En, viel het mee?'

Ik vond het eigenlijk wel lekker ontspannen. Een vreemde ervaring, bijna psychedelisch. Die geluiden werken behoorlijk hypnotiserend. *Groovy*.

'Sommige mensen vinden het doodeng.'

Ach, sommige mensen vinden alles doodeng. Daar zou ik me maar niks van aantrekken. Het was een prettig onderzoek en u hebt mij prima begeleid.

'Dank je wel... Aan wie ga je eigenlijk je nier doneren? Aan een familielid?'

Nee, aan een onbekende.

'Een onbekende, iemand die je niet kent?'

17

120 en 112

(de professor)

woensdag 13 januari 2010, 11.25 uur

'Daar bent u weer.'

Inderdaad.

'Met een hele reeks onderzoeken achter de rug. Maar voor ik verderga... U hebt deze mevrouw al zien zitten... Zoals u weet zijn wij ook een opleidingsinstituut. We leiden mensen op voor verschillende functies binnen de nefrologie. Vindt u het goed dat deze mevrouw bij ons gesprek blijft? Zij loopt stage en wil een keertje over mijn schouder meekijken... Ik hoop dat u dat geen probleem vindt?'

Alleen als u mij tutoyeert, zoals bij onze vorige gesprekken.

'Eh... Deed ik dat toen?'

Ja, en dat vond ik prima.

'Maar dan moet je mij ook tutoyeren.'

Nee, liever niet. Ik vind die afstand fijn. Ik ben de patiënt, u bent de medisch specialist. Ik leg mijn lot in uw handen, bij wijze van spreken. Daar hoort een gepaste afstand bij. Van mij uit gezien dan. En van u uit ook, neem ik aan.

'Juist. Laat de verhoudingen maar duidelijk zijn. Mevrouw blijft er dus bij zitten?'

Zeker.

'Ik heb hier inmiddels een hele map met onderzoeksverslagen... U bent verdacht gezond!'

Dat is mooi, zeker met dat adjectief ervoor. En volgens mij zijn die resultaten hartstikke betrouwbaar, want ik heb maar liefst vijfentwintig buisjes bloed afgestaan. Als ze daarin niks kunnen vinden, dan...

'Ja, je bloed is zorgvuldig onderzocht. Ik kan hier in de rapporten niks vinden wat afwijkt.'

Heel goed.

'Iets anders. Bij onze afspraken kom je altijd alleen. Ik zie dat een aantal specialisten hier ook een aantekening van heeft gemaakt. Hoe komt dat eigenlijk?'

Het is ze blijkbaar opgevallen. Een afwijking van de norm.

'Je weet best wat ik bedoel. Waarom ben je eigenlijk altijd alleen?'

Ik wil mijn familie er niet te veel bij betrekken. Sinds de dood van mijn vader zijn ze een beetje bang voor ziekenhuizen. En mijn geliefde, inmiddels ex-geliefde, zag de transplantatie niet zo zitten, eufemistisch uitgedrukt. Ze vond dat ik onaanvaardbare risico's nam.

'Met die risico's valt het best mee hoor.'

Weet ik, maar zij kijkt daar anders tegenaan. Moet kunnen.

'Toch lijkt het me goed om er met mensen in je omgeving over te praten.'

Dat doe ik ook wel, op bescheiden schaal. Ik wil er niet zo mee te koop lopen, zeker niet vooraf. Bovendien merk ik dat ik toch een beetje voor gek word versleten als ik het vertel. En mijn medefirmant ziet alleen maar potentiële zakelijke problemen. Nee, op enthousiasme hoef ik niet al te veel te rekenen, maar dat is ook niet erg.

'Zo gaat dat, helaas... De onderzoeksresultaten! Longen, hart, urine, bloed, u heeft geen aids, leverfunctie prima, nieren uitstekend en zelfs de psycholoog was uiterst tevreden. Kijk eens aan.'

Dat zal hij vast en zeker altijd zijn.

'Nee hoor, hij keurt regelmatig iemand af. Maar u bent volgens hem niet gek. Maar dat wisten we al, want nierdonoren weten heel goed wat ze doen. Ik zei dat ook tijdens dat televisieprogramma, maar ze hebben het er uitgeknipt.'

De Evangelische Omroep, toch?

'Inderdaad, daar zal het mee te maken hebben. We hebben overigens de naam van ons nierprogramma vervangen. Jij was daar zo fel over, herinner ik mij.'

Fel is een groot woord. Wat is het geworden?

'Altruïstische nierdonatie. Kun je daarmee leven?'

Dat is in elk geval een betere benaming. De christenen kunnen zich daar vast en zeker ook nog wel in herkennen; wel zo handig voor de Haagse lobby.

'Dat denken wij dus ook... Maar ter zake. Laten we je

nieren eens wat beter bekijken. De scans hebben mooie plaatjes opgeleverd, zie je? En kijk, als ik op deze knop klik, krijgen ze een mooi kleurtje. Levensecht.'

Prachtig. Werkelijk prachtig.

'De ene nier heeft een doorsnee van 120 millimeter, de ander 112. Keurig. De bloedvaten zijn goed bereikbaar – hier de aorta, de onderste holle ader, de nierader ligt mooi vrij en de urineleiders sluiten zo te zien ook goed aan. Je nieren zien er prima uit. De chirurg kan hier goed mee uit de voeten.'

Ik dacht dat ú mij zou opereren.

'Nee, dat doet een van mijn collega's. We zullen een afspraak maken zodat je met de chirurg de laatste details kunt bespreken... Stel ik je teleur?'

Nee hoor. Ik ging er alleen van uit dat u mij zou opereren. Waarom, weet ik niet. Een dwaling.

'Kijk, ik laat de nieren op mijn scherm nu om hun as draaien. Prima exemplaren... Wacht, eens kijken of het lukt... Ik geloof dat ik hier moet klikken... Ja, kijk, we dalen nu langzaam af, van je borst naar je nieren. Het computerprogramma maakt er schijven van... Was je nu wel of geen motorrijder?'

Nooit gedaan.

'Heel goed.'

Is dat dan slecht voor de nieren?

'Nee, dat niet. Door de schokken ontstaat er littekenweefsel rondom de nier. Dat maakt het moeilijker om hem los te krijgen.'

Wat is die groene vlek daarboven?

'De milt.'

En die dikke staaf?

'De hoofdslagader... Zo, poppetje gezien. Heb je zelf een periode in gedachten voor de operatie of laat je het aan ons over?'

De zomervakantie zou mij goed uitkomen.

'En 23 maart?'

Dat is snel. Is er spoed bij?

'Ja, de patiënten kunnen de nieren goed gebruiken.'

Patiënten?

'Wees maar niet bang dat we allebei je nieren wegnemen, ha ha... Zoals je weet draai je mee in het programma *domino paired kidney exchange*. De partner van de ontvanger van jouw nier doneert er zelf ook een. Die operatie vindt gelijktijdig plaats, ook in verband met de efficiency.'

Ik begrijp dat de datum al vaststaat.

'Nee hoor, ik geef alleen maar aan hoe de zaken ervoor staan. Als jij niet wilt dan gaan we op zoek naar een andere datum.'

23 maart lijkt me goed. Ik zal mij schikken naar de belangen van de ontvanger.

'Dat is fijn. Dan kunnen we zo meteen de afspraken definitief vastzetten. Zie je er trouwens tegen op?'

Niet echt... Ik ben wel benieuwd naar de herstelperiode. Ik heb veel opdrachten die ik eind april af moet hebben. Hoe lang denkt u dat ik buitenspel sta?

'Ik verwacht dat je na de operatie een kleine drie weken zult moeten herstellen. Maar je hebt geen fysiek zwaar beroep, dus waarschijnlijk kun je al eerder aan de slag. Je bent jong en gezond. En die drie dagen ziekenhuis zul je denk ik ook wel overleven.'

Zeker, kan ik ongestoord lezen en misschien wat schrijven.

'Dat schrijven zal de eerste dagen niet meevallen. De narcose hakt er toch wel stevig in. Ik denk dat je vooral veel zult slapen. En de kans is groot dat je een dagje of twee chagrijnig bent. Dat komt door... Nee, laat ik je niet vermoeien met medische details.'

Heel goed. Wat gebeurt er eigenlijk precies met mijn nier? Wordt die direct getransplanteerd?

'Ja, de ontvanger ligt klaar terwijl jij geopereerd wordt. In zijn buikholte wordt een soort zak gemaakt en daarin hangen we jouw nier.'

Hij of zij heeft straks dus drie nieren?

'Inderdaad, maar alleen die van jou werkt, als alles goed gaat, maar daar gaan we van uit.'

De eindstand tussen ontvanger en donor is dus 3-1, maar eigenlijk is het 1-1. Een mooi raadsel voor in de kroeg.

'Zo zie je maar.'

Er is trouwens nog iets wat me bezighoudt... Kan ik gewoon naar de wc of moet ik op bed poepen?

'De eerste dag kun je al gaan en staan waar je wilt. Het infuus blijft wel nog even zitten, maar dat belet jou niet om zelfstandig naar het toilet te gaan.'

18

dat stuit me tegen de borst!

(de werkcoach)

donderdag 14 januari 2010, 15.25 uur

'Met Ellen Van Spaendock van het cwi, bel ik gelegen?'

Wacht, dan ga ik even naar een andere kamer... Oké. Zeg het maar.

'Je mailde dat je 17 februari niet kunt, omdat je dan afspraken hebt in het ziekenhuis. Het lukt mij echter niet om nog daarvoor een gaatje voor je te vinden. Eerlijk gezegd zit ik de komende twee maanden helemaal vol.'

Dan spreken we elkaar na mijn ziekenhuisopname.

'Nee dat kan niet, jouw proefperiode loopt op 4 april af. Voor die datum moet je beslissen of je als zelfstandige doorgaat.'

Hoezo? Mijn inkomsten als freelancer worden gemiddeld met mijn uitkering. Ik betaal mijn uitkering op die manier toch terug?

'Die regeling geldt maar voor een halfjaar.'

Dat is nieuw voor mij.

'Je bent op de hoogte van de regeling. Je maakt er al een halfjaar gebruik van.'

Ik dacht dat ik de ruimte kreeg om een eigen zaak te beginnen en in de tussentijd de uitkering voor zover mogelijk terug te betalen.

'Dat geldt alleen het eerste halfjaar.'

Maar het opstarten van een bedrijf is niet zo één-twee-drie geregeld. Ik heb een concurrentiebeding bij mijn vorige werkgever en moet dus een compleet nieuw netwerk opbouwen. En dat in deze economisch zware tijd... Maar het gaat de goede kant op. Ik heb al een paar opdrachten en ik verwacht binnen enkele maanden break-even te draaien. Tegen die tijd kunnen we de uitkering dan stopzetten.

'Zo werkt het niet. Je moet na een halfjaar beslissen: of als zelfstandige verder of op zoek naar een betaalde baan.'

Ik ben vijf dagen in de week bezig met mijn bedrijf, samen met mijn compagnon. Ik heb daar veel eigen geld in gestoken. Ik móét daarmee doorgaan.

'Dat is prima. Dan stoppen we de uitkering toch.'

Nee, ik heb dat geld nog nodig. Van onze inkomsten kunnen we nog niet leven. Maar dat is slechts een kwestie van tijd. Als het zo doorgaat, staan we binnen een paar maanden economisch op eigen benen. Ik heb de uitkering nog even nodig. Bovendien betaal ik die toch voor het grootste gedeelte terug?

'Je moet je wel aan de spelregels houden. In het reglement staat dat je een halfjaar de tijd hebt om een eigen bedrijf op te starten. Daarna moet je beslissen: of als zelf-standige verder of weer op zoek naar een andere baan.'

Ik heb een tijdje buitenspel gestaan, om mijn vader te begeleiden bij zijn sterven...

'Daar kan ik niets aan doen. Ik moet me aan het pro-tocol houden.'

Die regels kloppen dus niet... U geeft mij ruimte om een nieuwe weg in te slaan, maar sluit die halverwege af. Uit kentallen moet u toch zelf kunnen opmaken dat het onmogelijk is om binnen zes maanden een bedrijf winstgevend te maken? Daar is tijd voor nodig. En wij zitten op de goede weg.

'Het is niet anders. Zo zijn de regels.'

Kunnen we niet binnenkort even de koppen bij elkaar steken? Via de telefoon hierover praten vind ik niet zo handig.

'Dat gaat me echt niet lukken. Mijn agenda is overvol.'

Maar ik kan nu aan de telefoon mijn situatie niet he-lemaal overzien. Bovendien weet ik niet hoe mijn her-stel zal aflopen. Het is een relatief zware operatie, ik do-neer namelijk een nier.

'Wat wil je daarmee zeggen?'

Ik ben een paar weken uit de running. Ik heb die uit-kering dus nog even nodig.

'Dat stuit me tegen de borst!'

Tegen de borst? Hoezo?

'Je gebruikt een nierdonatie om langer een uitkering te kunnen krijgen!'

Wat?!

'Ik vind dit niet kunnen. Je kent de regels heel goed.

Althans, die behoor je te kennen. Nu loopt het halfjaar af en sleep je er een nierdonatie met de haren bij om geld te krijgen. Dat stuit me tegen de borst, ja!'

Wat zegt u allemaal? Met die operatie ben ik al bijna een jaar bezig. Eigenlijk stond die gepland voor de zomer, een rustige periode. Maar hij is vervroegd naar eind maart. Dat is voor mij overmacht. Bovendien werk ik hard aan een eigen bedrijf. En dan komt u aan met de beschuldiging dat ik misbruik maak van de situatie. Het stuit u tegen de borst... Dit is toch ongelofelijk!

'De keuze is aan jou: of de uitkering wordt stopgezet of je gaat weer op zoek naar een nieuwe baan – en hebt dus een sollicitatieplicht.'

Zoals ik al zei, kan ik die beslissing op dit moment niet overzien... Ik ga binnenkort onder het mes.

'Daar had je eerder aan moeten denken. Bij zelfstandig ondernemerschap hoort ook dat je voorzieningen creëert voor als je uitvalt door ziekte.'

Weet u wat zo'n verzekering kost?

'Ik kan daar ook niks aan doen.'

U moet toch wel een halfuurtje voor mij vrij kunnen maken om hierover te praten? Een halfjaar heb ik niks gehoord en dan word ik opeens voor het blok gezet. En bovendien beschuldigd van misbruik maken van de situatie. Dit klopt niet hoor. Dit kan niet. Uw systeem is gebaseerd op wantrouwen.

'Wat jij doet klopt niet. Je moet je aan de afspraken houden. We hebben niet voor niks regels opgesteld. Ook jij moet je daaraan houden.'

U meent dit serieus?

'Natuurlijk meen ik dat serieus.'
Dan zijn we denk ik uitgepraat.
'Dan noteer ik dat je uitkering stopt.'
Dat moet u dan maar doen... Ik vergeef het u.

19

kop of munt

(de arts-onderzoeker)

'Als het goed is, heb je net een gesprek gehad met de chirurg. Klopt dat?'

Een gesprekje. Met dokter... even spieken...

'Terkavital.'

Ja, zo heet ze.

'Uit je bewoording begrijp ik dat je het gesprek te kort vond?'

Ik weet niet of het te kort was, maar het was wel kort. Kort en krachtig, zal ik maar zeggen. Ze vertelde me welke nier eruit gaat en wees me nogmaals op de risico's van de operatie. Dat was het wel zo'n beetje... Mijn linker gaat er dus uit, zoals verwacht.

'Heeft ze niks verteld over de operatietechnieken?'

Nee, ze zei dat u me daarover uitgebreid gaat voorlichten.

'Dat klopt. Ik ben bezig met een medisch-wetenschappelijk onderzoek naar de beste chirurgische techniek voor nierdonatie bij leven. Daarbij kijk ik ook naar de veiligheid van de donor–'

Oók naar de veiligheid van de donor. Waarnaar nog meer, als ik vragen mag?

'De levenskwaliteit van de ontvanger en naar de kosteneffectiviteit.'

Dat laatste moet u zeker niet vergeten. Ik ben econoom en juich het dan ook van harte toe dat u dit gaat onderzoeken. Kosteneffectiviteit, heel belangrijk. De medische wereld loopt wat dat betreft nog een beetje achter bij de andere sectoren.

'Fijn dat je er begrip voor hebt. Veel patiënten die ik spreek, vinden de budgettering van operaties niet relevant. Alles moet wijken voor de gezondheid... Natuurlijk blijft dat ook het belangrijkste, maar we kunnen er niet omheen dat we op zoek moeten gaan naar mogelijkheden om de kosten te verlagen. Zeker in deze tijd.'

Dat doet u goed, mevrouw Knols.

'Knots, mijn naam is Knots. Een gekke naam, ik weet het, maar zo heet ik nu eenmaal...'

Familie Knots, familie Knots, fa-mi-lie Knoooots... Er bestaan gekkere namen. Die van mijzelf is trouwens ook niet mis.

'Ik ben dus verantwoordelijk voor dat onderzoek. Ik hoop er zelfs op te promoveren... Aan jou wil ik daarom vragen om mee te werken. Dat gebeurt uiteraard op vrijwillige basis. Zeg je nee, dan heeft dat geen gevolgen voor je operatie. Uiteraard, zeg ik er maar snel achteraan.'

U maakt mij nieuwsgierig.

'Wellicht heeft professor Brocken met je gesproken over de bestaande operatietechniek... Je knikt. Mooi, je weet dus dat we je nier losmaken door middel van een kijkoperatie – je krijgt vier kleine gaatjes in de buik. Vervolgens maken we een snee boven het schaambeen en halen de nier eruit. Door deze techniek herstelt de donor sneller en is hij minder vermoeid. Maar deze aanpak is een stuk duurder dan de zogenaamde open methode, die wij vroeger gebruikten. Daarom testen we nu een alternatief, de handgeassisteerde retroperitoneoscopische techniek, kortweg HARP genoemd.'

U bent dus op zoek naar besparingsmogelijkheden.

'Ja... Nee... Ik kijk vooral ook naar de medische kant. De kosten zijn niet het belangrijkste onderzoeksobject.'

U hoeft zich niet te verontschuldigen. Zoals gezegd, ik ben econoom. Ik begrijp het volkomen. Maar gaat u verder.

'Ik zal de folder erbij pakken. Dan kun je meekijken. Kan ik je koffie opzijschuiven?'

Zeker. Een folder, werkt altijd goed bij informatieoverdracht... Jammer van dat plaatje op de voorkant.

'Wat bedoel je?'

Ingescand met een veel te lage resolutie. Kijk eens hoe wazig de afbeelding is. Slordig gedaan. Het geeft de folder een amateuristische uitstraling. Terwijl die een belangrijk onderzoek beschrijft.

'Het gaat om de inhoud.'

Fout! Het gaat ook om de verpakking. *The medium is the message*. Professionaliteit begint bij de uitstraling. De eerste indruk telt. Met die bril kijken we vervolgens naar de inhoud. En om even terug te komen op deze folder, de uitstraling is mis. Nonchalant in elkaar geflanst, ik chargeer een klein beetje, maar het roept in elk geval de vraag op: gaan ze wel zorgvuldig met mijn gezondheid om?

'Die vraag kan ik uit volle overtuiging met "ja" beantwoorden... Maar op communicatiegebied hebben we zeker nog wat te leren...'

Absuluut. Ik zeg het maar gewoon zoals ik het ervaar, daar heeft u het meest aan.

'Juist... De inhoud... Met de HARP-techniek wordt de patiënt ook via kleine gaatjes in de buik geopereerd, maar de chirurg assisteert met zijn hand. Die brengt hij in via de snee boven het schaambeen. Hij schuift de darmen en het buikvlies opzij, pompt het gas in de buik om ruimte te maken en brengt de kijkbuizen in. Hij hoeft ze niet door het buikvlies heen te prikken, maar leidt ze eromheen. Met deze techniek hoeven we minder dure apparatuur in te zetten.'

U bent nu op zoek naar proefkonijnen?

'Zo moet je dat niet zien. Met beide technieken hebben we veel ervaring, maar we hebben nooit wetenschappelijk onderzocht of de kwaliteit van leven van de donor erdoor verbetert.'

Of verslechtert!

'Dat kan theoretisch ook, maar we verwachten van niet. We nemen geen onnodige risico's.'

Maar de kans bestaat dus dat er aan de nieuwe techniek extra risico's zijn verbonden.

'Ja, die kans bestaat. Vandaar dat je zelf beslist of je aan het onderzoek meedoet... Voor de deelnemers aan dit onderzoek heeft het ziekenhuis overigens een verzekering afgesloten. Die dekt schade door dood of letsel die het gevolg is van deelname aan het onderzoek. Maar dat is slechts voor de vorm. We zijn verplicht om alle risico's te verzekeren. Vandaar.'

Count me in!

'Je wilt er niet even over nadenken?'

Ik vind het een prettig idee om een bijdrage te leveren aan de vooruitgang van de wetenschap. Op dat gebied lijk ik op mijn vader. Die zou ook geen moment twijfelen.

'Dat is fijn. Je zult dan wel beschikbaar moeten zijn om regelmatig een vragenlijst in te vullen. De dag voor de operatie, dan na een week, twee weken, vier weken en vervolgens na drie maanden, een halfjaar en een jaar. En de dagen na de operatie houden wij de mate van pijn en misselijkheid bij.'

Prima.

'Wanneer je inderdaad toestemming geeft tot deelname dan–'

Die geef ik.

'Oké... Dan wordt straks in de operatiekamer door loting bepaald welke techniek we gaan gebruiken. Je hebt dus 50% kans dat het de HARP-methode wordt.'

Ben ik bij die loting aanwezig?

'Niet bewust. We loten pas als jij onder narcose bent. Ook vertellen we je achteraf niet welke techniek we hebben gebruikt.'

En u voert die loting uit?

'Ja, ik ben bij de operatie aanwezig.'

Hoe gaat dat in zijn werk?

'Dat mag ik niet vertellen.'

Kop of munt lijkt me het meest voor de hand liggend...

'Nee, ik mag daar niks over zeggen.'

U snijdt ook mee?

'Nee hoor... Soms mag ik assisteren, maar ik verwacht niet dat dit bij jouw operatie het geval zal zijn.'

Nog even over die twee technieken. Is het aantal littekens bij beide technieken gelijk?

'Nee, bij de HARP-methode houd je twee tot drie gaatjes in de buik over. De gangbare techniek leidt tot vier gaatjes.'

Ik kan dus aan het aantal littekens zien welke methode is gebruikt?

'In principe wel, ja. Maar tijdens het ziekenhuisverblijf plakken we de wonden af, zodat zowel jij als het verplegend personeel niet kan zien met welke techniek je bent geopereerd. Pas na een jaar mogen we die onthullen.'

Waarom eigenlijk?

'Het kan het invullen van de vragenlijsten beïnvloeden.'

Maar na een week ben ik thuis, gaan de pleisters eraf – voor zover die niet al eerder ververst zijn – en kan ik het aantal littekens tellen... Ik moet dan dus nog bijna een jaar een vragenlijst invullen alsof ik in het ongewisse ben over de gebruikte techniek, terwijl ik al weet of het kop of munt is geworden?

'Als je het zo stelt, wel ja.'

Maar toch mag u mij niet vertellen welke techniek is gebruikt... Is dat niet raar?

'We denken dat we door het niet te vertellen de onafhankelijkheid beter waarborgen.'

Ik wil me er natuurlijk niet mee bemoeien, maar als ik uw promotor zou zijn...

'Eh... Misschien moet ik daar nog eens kritisch naar kijken... Maar je kunt gerust zijn, beide methoden zijn veilig.'

Daar ga ik van uit, mevrouw Knots.

'Ja... Ik zal de procedure nog eens kritisch doorspreken...'

Doe u dat, voor uw eigen bestwil. Nog iets wat ik moet weten?

'Het lichaamsmateriaal van de deelnemers zullen we maximaal vijftien jaar bewa–'

Lichaamsmateriaal?

'Weefsel of bloed dat resteert na de operatie... Dat doen we overigens altijd, behalve bij patiënten die aangeven dat ze bezwaar hebben tegen het gebruik van hun restweefsel voor medisch-wetenschappelijk onderzoek.'

Oké.

'Ik geef je zo meteen een formulier mee. Je hoeft dat alleen maar in te vullen als je bezwaar hebt tegen het gebruik van je restweefsel.'

Dat heb ik niet. Dus dat formulier hoef ik niet. Bespaart weer papier.

'Ik moet het je toch meegeven. Dat is verplicht. Ik moet me houden aan de voorschriften van de Medisch Ethische Toetsingscommissie van het ziekenhuis. Die commissie begeleidt ook mijn promotie. De kans bestaat dat ze je benaderen om mijn zorgvuldigheid te toetsen... Lees het anders thuis nog eens rustig door... En zo meteen krijg je ook een toestemmingsformulier. Als je dat invult en ondertekent, dan doe je dus mee aan het onderzoek.'

Waarom wordt toch overal bureaucratie ingebouwd? Als het ziekenhuis dan toch de kosteneffectiviteit van de behandelingen onderzoekt, zou ik zeggen: neem het regelwerk gelijk mee.

'Ik ben gebonden aan enkele voorschriften. Mocht je daar bezwaar tegen hebben dan kun je–'

Nee hoor, ik heb absoluut geen zin om bureaucratische mechanismen te bestrijden door nog meer formulieren in te vullen. Hou op, zeg, ik ben vertrouwd met het oeuvre van Kafka...

'Dus je doet definitief mee aan het onderzoek?'

Dat lijkt me wel.

'Als je dan hier een handtekening wilt zetten.'

Graag.

'En dit formulier kun je meenemen. Dat moet je, als je wilt, ondertekenen en de dag van de opname meenemen.'

Ik mag het formulier nu dus niet achterlaten?

'Nee, dat mag niet volgens de regels. We proberen de verantwoordelijkheden zo goed mogelijk te scheiden.'

20

met een knijpballon

(de verpleegkundige)

woensdag 17 februari 2010, 11.35 uur

Als ik u goed begrijp, ligt de ontvanger van mijn nier straks dus op dezelfde afdeling als ik?

'Is dat een probleem?'

Ik heb bij Nefrologie een verklaring moeten tekenen. Ik stem daarmee in met de anonimiteit van mijn donatie. En nu begrijp ik dat de ontvanger misschien wel op de kamer naast mij ligt. Als ik straks een wandeling maak op de gang, kom ik hem of haar misschien wel tegen...

'Je komt te liggen op de unit Vaat- en Transplantatiechirurgie 9 Zuid. We beschikken over 34 bedden op 14 patiëntenkamers. We zorgen ervoor dat de donor en de ontvanger zo ver mogelijk uit elkaar liggen.'

Maak het nog maar wat gemakkelijker. Het is niet lang zoeken zo...

'Je wilt op zoek naar de ontvanger?'

Verre van. Maar stel dat de ontvanger op het onzalige idee komt om míj te gaan zoeken? Staat er opeens een snikkende man, of nog erger: een vrouw, bij mijn bed.

'Dat zal ook niet gebeuren. Jij bent een van de weinigen die zich realiseert dat jullie beiden op dezelfde afdeling liggen. Maar theoretisch is het inderdaad mogelijk dat jullie elkaar tegenkomen.'

Ik neem aan dat u er alles aan doet om een ontmoeting te voorkomen.

'Uiteraard. Ik ben zelf overdag aanwezig om de vier nieroperaties verpleegkundig te begeleiden. Snel genoeg heb ik in de gaten of een patiënt op zoek wil naar zijn donor of omgekeerd, ondanks de afspraken. Maar zoals ik al zei: dat gebeurt eigenlijk nooit. Ze zijn vooral bezig met hun eigen genezing.'

Laten we het hopen. Ik wil zo veel mogelijk rust. Met hoeveel mensen lig ik eigenlijk op een kamer?

'We hebben twee vierpersoonskamers en twaalf kamers voor twee personen.'

Leg mij dan maar op een tweepersoonskamer. Kan dat?

'Ik zal een aantekening maken. Ik denk wel dat het gaat lukken... Dinsdagmorgen word je geopereerd, zie ik hier. Dat betekent dat je maandag voor halfvier binnen moet zijn.'

Op dinsdagmorgen?

'Ja, om kwart over zeven rijden we je naar de operatiekamer.'

Dat is fijn. Meteen actie als ik wakker word.

'De operatie zal circa drie uur duren. Daarna blijf je een paar uur op de uitslaapkamer. Rond drie uur ben je waarschijnlijk weer terug.'

Als alles goed gaat...

'Daar gaan we van uit. Op de dag voor de operatie mag je vanaf twaalf uur 's nachts niks meer drinken. In jouw geval komt dat goed uit. Je kunt maandag gewoon mee-eten en 's avonds rustig wat drinken. Ben je al bij de anesthesioloog geweest?'

Nee, nog niet.

'Die zal je meer vertellen over de narcose. De dag voor de operatie krijg je een infuus ingebracht. Maandag prik ik bovendien wat bloed, om je bloedgroep te bepalen. Voor de zekerheid zullen we een aantal zakken bloed klaar laten leggen. De kans op bloedingen is reëel.'

Dat klinkt dramatisch.

'Sorry, dat is niet mijn bedoeling. Een kans van één op de duizend is voor ons reëel, en dus bereiden we ons daarop voor. Een bloedvat kan natuurlijk altijd gaan lekken.'

Heel goed. Maar jullie weten mijn bloedgroep toch al lang? Hoeveel buisjes bloed ik al heb afgegeven...

'Voor de zekerheid prikken we zelf. Standaardprocedure.'

Voor de zekerheid? Ik neem aan dat de kruisproeven uiterst zorgvuldig zijn uitgevoerd.

'Natuurlijk. Maar we prikken altijd zelf, de dag voor de operatie. Hebben we de informatie uit de eerste hand. Dat is voor ons handiger.'

Helemaal volgen kan ik dit niet. In mijn dossier zal

waarschijnlijk mijn bloedgroep in koeienletters worden vermeld. Voor een geslaagde niertransplantatie essentiële informatie, lijkt me zo...

'Heb je er bezwaar tegen dat we je voor de operatie prikken?'

Nee, dat niet. Prik maar raak. Maar de noodzaak ontgaat me.

'Ik word soms ook gek van de regeltjes.'

Laat maar zitten. Mensen hebben regeltjes nodig. Waar ik ook kom, voor mijn werk of privé: regeltjes. Het is niet anders. Ga maar gewoon verder met uw verhaal...

'Als je straks wakker wordt, zul je merken dat je een blaaskatheter in hebt. Na een dag wordt die weer verwijderd, maar zo hoef je de eerste dag niet uit bed. Ontlasting zul je niet hebben, want de darmen raken door de narcose verlamd. Het duurt meestal een dag voor die weer op gang komen. Ook brengen we na de operatie een pijnpompje aan. Daarmee kun je zelf de pijnbestrijding regelen.'

Hoe werkt dat dan?

'Het is een pompje met een soort knijpballon. Druk je die in, dan komt via het infuus een milligram morfine in je bloedbaan... Wacht even, ik denk dat ik weet wat je wilt gaan zeggen. Nee, je kunt jezelf niet eindeloos morfine toedienen, dat zou wat worden. Pas na zes minuten reageert de pomp opnieuw.'

Dat is tien keer per uur! Lijkt me genoeg voor een mooie trip...

'Als je er effectief mee omgaat, raak je zeker in een roes. Maar dat is natuurlijk niet de bedoeling. Bovendien slaap je de eerste dag veel. Na één dag nemen we de pomp ook weer weg, de pijn is dan meestal draaglijk. Je krijgt bovendien paracetamol.'

Een mooie verrassing, die morfine... Eerlijk gezegd verheug ik me daar een beetje op. Legaal experimenteren met drugs. Ik ben benieuwd.

'Dat laatste heb ik niet gehoord. Ben je nog ergens allergisch voor?'

Voor dommigheid.

'Ik bedoel voor bepaalde medicijnen of voedingsbestanddelen?'

Nee, maar dat met die dommigheid bedoel ik serieus. Uitermate serieus. Leg mij liever niet op een kamer met een trainingspakkenman of een of andere toffe gozer met schakelarmband en gouden ringen in beide oren. Ik weet namelijk niet of ik de opname dan doorsta.

'Overdrijf je nu niet een beetje?'

Zeker niet... Nee, zeer zeker niet...

'Ik zal kijken wat ik kan doen... Over armbanden gesproken, neem geen waardevolle spullen mee naar het ziekenhuis. Helaas wordt er regelmatig gestolen. Dus liever geen dure laptops en contant geld meenemen.'

Heeft u geen afsluitbaar kastje?

'Dat staat naast je bed, maar het is erg klein. Bovendien laten patiënten van alles rondslingeren. Ze slapen veel, zijn vooral met hun gezondheid bezig en vergeten om goed op hun spullen te passen... Volgens mij zijn we klaar. Heb je nog vragen?'

Over de lengte van het bed. Zijn alle bedden even lang?

'Hoezo?'

Het klinkt misschien gek, maar afgelopen donderdagnacht heb ik in het ziekenhuis naast mijn stervende oom gelegen en het bed was te klein. Ik kon mijn benen niet strekken.

'Welk ziekenhuis was dat?'

Het Atrium in Heerlen.

'Wij hebben hier bedden die wij kunnen uittrekken. Je hoeft je dus niet ongerust te maken... O ja, neem voor de zekerheid een paar pyjama's mee. Door het wondvocht kunnen die snel vies worden. Wij hebben er hier ook wel een paar voor je, maar je wilt vast en zeker je eigen spullen aan.'

Nee hoor, ik vind jullie pyjama's prima. Ik lig toch maar wat in bed.

'En een ochtendjas.'

Neem ik mee.

'Je medicijnen moet je ook niet vergeten.'

Ja, mevrouw.

'Lach maar, ik zal je de kost niet geven hoeveel patiënten hun medicijnen thuis laten liggen. In paniek bellen ze hun man of vrouw op om te vragen of ze die even willen brengen. Soms weigert iemand dat. We maken hier gekke dingen mee...'

Dat geloof ik graag. Wat is het gekste dat u heeft meegemaakt?

'Dat mag ik niet vertellen.'

Het blijft tussen ons...

'Nee.'

Wat ik tijdens de onderzoeken allemaal niet heb moeten vertellen... Kom op, niet zo flauw.

'Vooruit dan. Een man was getrouwd met drie vrouwen. Hoe hij dat had klaargespeeld weet ik niet, maar hij had dus drie vrouwen. Tijdens het bezoekuur stonden ze opeens alle drie bij zijn bed. Een rúzie... De beveiliging moest er aan te pas komen.'

Een buitenlander?

'Ja.'

Waar kregen ze ruzie over?

'Dat weet ik niet meer. Maar meestal is het om de meest onbenullige dingen.'

En het op-één-na-gekste?

'Ik mag dit helemaal niet vertellen. Alle persoonlijke informatie moet geheim blijven. Privacy.'

Nog één verhaal...

'Ik heb een man meegemaakt, een oude man, en die praatte tegen zijn been. Hele gesprekken voerde hij daarmee. In het begin dacht ik dat hij met een andere patiënt sprak, maar hij had het al die tijd tegen zijn been.'

Was hij gek?

'Volgens mij niet, want als je hem iets vroeg dan gaf hij normaal antwoord.'

Heeft u hem gevraagd naar dat been?

'Nee, dat durfde ik niet. Ik deed net of ik het niet merkte.'

En de andere patiënten op de kamer?

'Hij lag naast een doodzieke man. Die kreeg het allemaal niet meer mee.'

U heeft een interessant beroep.

'Wat doe jij eigenlijk?'

Ik schrijf.

'Wat schrijf je dan?'
Vooral journalistieke artikelen.
'Dan zal ik maar niks meer vertellen...'

21

ik raakte in paniek

(de ex-geliefde)

dinsdag 9 maart 2010, 18.40 uur

'Mag ik binnenkomen?'

Kijk eens aan, Sanne... Dat is een tijd geleden...

'Dus?'

Natuurlijk mag je binnenkomen.

'Ik zie dat er nog niks is veranderd. Dezelfde rotzooi op de gang.'

Voor jou is het rotzooi, voor mij zijn het herinneringen.

'Uiteraard.'

Thee?

'Lekker.'

Ga maar vast de kamer in... Je leeft dus nog...

'Ja.'

Jij bent wel de laatste die ik had verwacht.

'Ik kan je niet verstaan!'

Ik zei dat jij de laatste bent die ik hier had verwacht!

*

'Dus je gaat die operatie doorzetten?'

Ja, over twee weken gaat het gebeuren. Je timing is perfect. De laatste keer dat je mijn twee nieren kunt bewonderen.

'Zie je ertegen op?'

Helemaal niet. De onderzoeken zijn allemaal prima verlopen. Ik blijk kerngezond te zijn.

'Dat is mooi.'

Bovendien heb ik geoefend.

'Geoefend?'

Vorige week is Jozef gestorven. Ik–

'Is Jozef dood?'

Ja. Ik heb de hele nacht naast hem gelegen. De geur van het ziekenhuis heb ik urenlang kunnen opsnuiven. Rook niet verkeerd. En al dat wit om me heen werkte rustgevend... Ik probeerde me ook voor te stellen dat ik geopereerd zou worden. Ogen dicht, zo meteen komen ze me halen... Dat voelde goed.

'Toch ben jij niet helemaal normaal. Lig je naast een stervende te oefenen voor je eigen operatie...'

Mijn vader oefende bij zijn laatste narcose voor zijn euthanasie. Ik draai het om: de dood van Jozef als testcase voor mijn narcose. Twee kanten van dezelfde medaille.

'Wat zeggen ze in het ziekenhuis over die rare gedachten van je? Ik kan me niet voorstellen dat ze die normaal vinden.'

Daar zijn ze überhaupt niet in geïnteresseerd. En

waarom zou ik ze wijzer maken dan ze willen zijn... Nee, het enige wat ze goed bewaken, is dat ik de formulieren keurig onderteken. Zodat zij niet verantwoordelijk zijn voor als er iets gebeurt. Zelfs de narcotiseur nam het niet zo nauw. Ze vroeg mijn gewicht en leeftijd en noteerde die klakkeloos, zonder ze te controleren. Ik zei: 1.96 meter en 95 kilogram, en zij schreef dat op. Ik hoefde helemaal niet op een weegschaal te gaan staan.

'Wat?! Die gegevens kloppen helemaal niet! De narcose wordt zo veel te zwaar!'

Een grapje, Sanne... Maar controleren, ho maar.

'Vervelend, die grapjes van je.'

Ach, je moet toch wat.

'Trouwens, dat je die slordigheid accepteert!'

Ze doen toch hun best. De hele maatschappij gaat gebukt onder luiheid en gemakzucht. Waarom dan de specialisten dat plezier misgunnen?

'Spot maar met je gezondheid. Ik ben blij dat wij geen relatie meer hebben. Hier kan ik dus niet tegen.'

Dat wordt als bekend verondersteld... Wist je trouwens dat de meeste specialisten uit het buitenland komen? De chirurg komt volgens mij uit Pakistan of India – dr. Tarkivatal, als ik het goed uitspreek. En haar collega, de anesthesioloog, vroeger heette dat anesthesist, maar dit terzijde, de anesthesioloog dus heet dr. Johannes, een Zwitserse. Ze spreekt uiterst gebrekkig Nederlands. Aandoenlijk. En ze resideert op het einde van de blauwe lijn.

'Buitenlanders. Ook dat nog.'

De blauwe lijnen leiden overigens op elke etage naar

andere bestemmingen. Ik kan er maar geen systeem in herkennen... En wat die buitenlanders betreft, ik vind dat juist vertrouwenwekkend. Die meisjes, ze zijn jonger dan ik, dus ik mag ze gerust meisjes noemen, die meisjes hebben natuurlijk bovengemiddeld hun best moeten doen om op die positie terecht te komen. Al die blanke rijkeluiszoontjes die na tien jaar studeren eindelijk aan hun co-schappen mogen beginnen, hebben het nakijken. En terecht.

'Hoe is Jozef trouwens gestorven?'

Ingeslapen, zullen we maar zeggen... Zijn lichaam was op. Zijn hart en nieren functioneerden nog maar voor tien procent. De eerste uren vocht hij tegen de dood. Dat was geen fraai gezicht kan ik je zeggen; ik heb er zelfs even aan gedacht een kussen op zijn gezicht te drukken... Na een paar uur had hij geen kracht meer. Het ademen werd oppervlakkig en onregelmatig. Uiteindelijk stopte het. Zijn hart klopte overigens nog een paar minuten door, heel heftig zelfs. Dat was raar, net alsof een laatste paar hoge golven de duinen wilden bereiken, koste wat kost. Echt harde slagen. Daarna ebde de hartslag vrij snel weg...

'Gek lijkt me dat, om dat op zo'n monitor te volgen.'

Nee, hij was niet aan een monitor gekoppeld. Ik had zijn pols vast toen hij stierf, uit nieuwsgierigheid. Een vreemde ervaring. Mijn wijs- en middelvinger werden opgetild bij de laatste harde slag... Volgens de arts komt dat doordat het lichaam nog een laatste stoot adrenaline door het lijf pompt. Een laatste vloedgolf, zeg maar.

'En jullie waren alleen?'

Ja.

'Heftig... Hoe ga jij dat trouwens straks doen, gaat er iemand mee naar het ziekenhuis?'

Nee, ik ga alleen.

'Zal ík meegaan?'

Zeker niet. Ik heb het hele traject noodgedwongen alléén doorlopen, ik ga het ook alléén afronden. Je nam vanaf het begin afstand van mijn plannen. Je had er totaal geen begrip voor. Daar ben ik inmiddels aan gewend; ik hoef die aandacht nu niet meer.

'Ik ben er nog altijd tegen.'

En dan wil je wel meegaan?

'Misschien kan ik je steunen...'

De afgelopen maanden had ik je steun hard nodig, heel hard. Maar je was er niet... Laat ik het zo zeggen: rond de dood van mijn vader nam je afstand van me – ervoor, erna en dan heb ik het nog niet eens over het moment van de euthanasie zelf. Je liet me alleen. Sterker nog, je was zelfs kwaad op me, omdat ik je te weinig aandacht gaf... Nee wacht effe, ik ben nog niet klaar. Je bleef maar zeuren over hoe-moeilijk-het-voor-je-was dit en jeluistert-niet-naar-me dat... Shit zeg, alsof ík het niet al moeilijk genoeg had... Nee, luis-te-ren. Nadat mijn vader stierf, belde ik je meteen op. Ik kon niet stoppen met huilen, alle verdriet kwam eruit. Maar je kwam niet naar me toe. Nee hoor, je ging liever met je zoon stappen in Amsterdam!

'Ik raakte in paniek. Ik wist niet wat ik moest doen.'

Dat kan allemaal wel zo zijn, maar het feit blijft dat je er niet voor me was. Dat geldt trouwens voor bijna je he le familie. Ik heb in die moeilijke tijd van niemand iets gehoord. Ik was opeens besmet met een vreselijke ziekte. Zelfs een kaartje of mailtje kon er niet vanaf.

'Sorry, maar wij hebben ook veel meegemaakt, hoor.'

Laten we het daar eens een keer niet over hebben, oké? Iedereen maakt dingen mee. Daar moeten we elkaar in steunen. Dan is de een aan de beurt, daarna de ander. De een krijgt wat meer op zijn bordje dan de ander, dat zeker, maar allemaal komen we aan de beurt. Door je eigen verdriet zo centraal te stellen, bagatelliseer je het verdriet van anderen. Daar pas ik voor. Ik ga dus alleen naar het ziekenhuis en ik kom er alleen weer uit. Punt.

'En je moeder of je broer?'

Zij hebben andere dingen aan hun hoofd. Al dat gedoe rond Jozef was zwaar voor mijn moeder; op zo'n moment komen toch weer veel herinneringen aan mijn vader bovendrijven... En Vic is alleen maar bezig met zijn sexy vriendin, de sexy kleding van zijn kids en zijn sexy foto's. Zelfs toen Jozef stierf, op mijn moeders verjaardag nota bene, de eerste verjaardag zonder mijn vader, zelfs toen was hij er niet, andere dingen te doen. Dus nee, ik ga alleen.

'Nog altijd even koppig.'

Nog altijd even egoïstisch.

'Ik ben niet egoïstisch.'

Dat ben je wel. Althans, zo gedraag je je. Ik heb nu al ruim een halfjaar een eigen bedrijf. Je bent nog nooit naar mijn kantoor komen kijken. Dat noem ik egoïstisch... Daarmee zeg ik overigens niet dat je daar veel aan kunt doen. Het is waarschijnlijk een traumatische reactie op wat je hebt meegemaakt. Maar daar hebben we het al vaker over gehad.

'Je weet het weer allemaal te plaatsen. Alleen jij blijft buiten schot. Zoals altijd.'

Nee, Sanne, ik blijf helemaal niet buiten schot. Ik krijg meer kritiek dan jij, veel meer. Ik word niet gepamperd door mijn omgeving.

'Ik ook niet.'

Daarover verschillen wij dus van mening. Ik heb jou dingen zien doen die absoluut niet kunnen, maar niemand die er iets van zegt. Ze hebben medelijden met je en houden hun mond... Weet je, ik heb hier eigenlijk geen zin in. Kom je alleen maar om ruzie te maken? Dan kun je beter gaan. Me dunkt dat wij genoeg ruzie hebben gemaakt. Ik wil me deze week rustig voorbereiden op de operatie. Dus...

'Ik moet gaan?'

Als je komt zieken, dan kun je inderdaad beter vertrekken.

'Nee, ik wil geen ruzie maken... Ik kom juist om mijn... eh... om mijn verontschuldigingen aan te bieden... Ik heb inderdaad afstand van je genomen op de momenten dat je me nodig had. Ook heb ik lelijke dingen geschreven. Daar heb ik spijt van. Volgens mijn psycholoog heb jij recht op excuses. Het is niet goed hoe het is gelopen.'

Wat hoor ik nou?

'Doe niet zo flauw. Je weet best dat dit moeilijk voor me is.'

Je bedoelt voor zo'n egoïstisch en verwend vrouwtje?

'Kun je niet gewoon zeggen dat je het fijn vindt dat ik sorry zeg?'

Ik vind het fijn dat jij sorry zegt.

'En nu serieus.'

Serieus.

'Dan niet.'

Vind je trouwens niet dat ik de laatste tijd meer en meer op Jezus Christus begin te lijken?

'Wat?'

Qua uiterlijk, bedoel ik. Het golvende haar, de baard.

'Nee, dat vind ik niet.'

Jammer... Mijn nier wordt trouwens met een keizersnee gehaald. Als een baby. Een baby zonder hersens. Lekker functioneel. Op de wereld gezet om levens te redden. Niet gehinderd door de drang om zichzelf te ontdekken en, godbetert, te ver-we-zen-lij-ken.

'Je wilt je dus toch voortplanten, begrijp ik...'

Nee hoor. Ik wil de wereld tonen dat onbaatzuchtig geven ook tot de mogelijkheden behoort. Ik reik een alternatief aan voor shoppen en high tea.

'Vandaar natuurlijk die baard...'

Een stijlfiguur, Sanne. Dat was ironie. Je weet dat mijn zelfbeeld niet geweldig is ontwikkeld. Ik ben geen begaafd ontvanger van complimenten. Dus probeer ik tegelijkertijd dat zelfbeeld te voeden en te ondergraven. Met ironie. Met het doneren van een nier. Een nieuwe strategie... Kijk, dat afstaan van een nier, ik associeer maar even door, dank voor de ruimte, dat afstaan van een nier is begonnen als een gevoel. Ik ben nu bezig om mijn motieven te onderzoeken. Wat ligt er precies onder dat gevoel verborgen? Welke motieven zitten onder die wollige deken verstopt?

'Ik kan je niet meer volgen, sorry.'

Jammer.

'Ik doe toch echt mijn best.'

Dat merk ik. Zo lang aan één stuk ben ik bij jou al lang niet meer aan het woord geweest. Je hebt een goede psycholoog.

'Zal ik blijven slapen?'

22

hallo!

(de nier)

Ben je er al uit?

'*You talkin' to me?*'

Krijgen we dat weer...

'*YOU TALKIN' TO ME?*'

Ja, ik heb het tegen jou.

'Wat wilde je ook alweer?'

De vraag is of je nog langer in dit licht suïcidale lichaam, zoals je het zelf hebt geclassificeerd, of je nog langer in dit lichaam wilt blijven of dat je akkoord gaat met een verhuizing.

'O ja, nu weet ik het weer. Verhuizen met kans op de afvalbak of blijven met kans op een vervroegd bezoek aan het crematorium?'

Je weet het lekker dramatisch te brengen.

'Zal wel in de genen zitten.'

En het antwoord is...

'Maakt het wat uit? Jij bent immers degene die uiteindelijk het laatste woord heeft.'

Dat maakt zeker wat uit. Als jij gemotiveerd bent, dan is de kans dat je ook in het nieuwe lichaam als een tierelier gaat draaien een stuk groter. En dat is uiteindelijk de bedoeling.

'Zo, zo, mijn motivatie is gewenst. En wat staat daartegenover?'

Weet ik veel. Niks, denk ik. Misschien krijg je er een goed gevoel van als je iemand helpt.

'Ik ben geen mens! Een goed gevoel, een goed gevoel, wat heb ik daaraan? Ik wil gewoon aan de slag blijven. Verder geen gezeur. Werken, wil ik. Hard werken.'

Dat kun je toch ook blijven doen. Sterker nog, in je nieuwe leven kun je alleen maar harder werken. Je wordt dan pas echt op de proef gesteld.

'Vertel.'

Je bent nu met zijn tweeën. Straks moet je al het werk alleen doen. Ben je daar trouwens wel sterk genoeg voor?

'Hallo! Je denkt toch niet dat die lamzak aan de rechterkant, dat die luie aap daar zoveel doet? Het meeste werk moet ík opknappen.'

Van die lamzak ben je straks af. En ik wil je zeker niet onderschatten. Je zult vast meer doen dan je buurman, maar als je straks alleen bent... Ik weet niet of je dat wel aankunt...

'Natuurlijk kan ik dat aan!'

Weet je dat zeker?

'Weet je dat zeker? Wie denk je dat je voor je hebt?'

Laat maar zien dan!

'Dat zal ik zeker doen. Kom godverdomme maar op met die verhuizing!'

DEEL III

SANCTUS

Terwijl ik naar de groene kruin bleef kijken,
Gelijk een vogelaar die op zijn wacht
De tijd in loos verlangen laat verstrijken,

Canto 23, Louteringsberg, *De goddelijke komedie*, Dante

23

ronnieponnie, aan de kant!

(de invasie)

dinsdag 23 maart 2010, circa 16.00 uur

'Daar ben je weer...! Joh, je bent bijna de hele dag weg geweest. Ik dacht: die zie ik niet meer terug, ha ha... Het viel niet mee zeker? Maar uitrusten kun je voorlopig vergeten. Ze laten je vandaag niet meer met rust. Let maar eens op. De invasie van Normandië is er niks bij.'

'Ik kom even je bloeddruk meten. Hoe gaat het met je? Pijn zeker? Kun je de rechterarm even onder de deken vandaan halen? Het is zo gebeurd, hoor...'

'Nee, recht gaan zitten, ik moet het bed opnieuw opmaken en zo kan ik er niet bij... Ja, dat moet. Er zit bloed op het laken!'

'Daar is mijn patiënt! Zo, je bent weer bij de levenden. Lekker groggy? De operatie is goed verlopen. We zijn ruim drieënhalf uur met je bezig geweest. Enkele bloedvaten moesten we omleiden, dat kostte meer tijd dan verwacht. Maar ik ben tevreden met het resultaat. En je nier zit inmiddels keurig in het lichaam van iemand anders... Heb je veel pijn?'

'Even je billen optillen... en even vasthouden... Ik zei: even vasthouden... Ja, ik heb het onderlaken te pakken. Je mag weer gaan liggen.'

'Ik regel de pijnbestrijding. Hier hangt een drukknopje, dat kun je indrukken als de pijn te erg wordt. Maar voorzichtig met het gebruik, morfine is een sterk medicijn. Als je het te veel gebruikt, kun je misselijk worden. Hoor je me? Als je het te veel gebruikt, kun je misselijk worden... Wat? Nee, je krijgt geen knijpballon. Die gebruiken we al jaren niet meer.'

'Ik ga even naar beneden. Roken.'

'Ik kom je wassen... Nee, dat slaan we niet over! Ik begrijp dat je hoofd er niet naar staat, maar het moet... Gisteravond gedoucht? Niks mee te maken, onze patiënten wassen zich elke dag.'

'Daar ligt de gulle gever... Hoi, ken je me nog? Ik ben de medisch maatschappelijk werker. Je hebt dus daadwerkelijk doorgezet. Daar zijn we hartstikke blij mee. Dat had ik niet verwacht toen ik je sprak. Je maakte indertijd op mij de indruk dat je twijfelde... Nee? Dan heb ik me blijkbaar vergist.'

'Nee, die katheter kan er nog niet uit! Misschien morgen... Heb je er dan zoveel last van? Je buurman heeft de zijne al zes dagen in, dan kun jij het toch zeker wel twee daagjes volhouden.'

'Kun je deze vragenlijst invullen...? Ja, dat moet nu, ik heb zo dadelijk een vergadering.'

'Als je het te veel gebruikt, kun je misselijk worden...'

'Als je het te veel gebruikt, kun je misselijk worden...'

'Als je het te veel gebruikt, kun je misselijk worden...'

'Nog even iets opschuiven, ik kan er zo niet bij... Kom, effe op de tanden bijten...'

'Mag ik er even bij?'

'Ik ben nog niet klaar!'

'Ik ben de zaalarts en moet de patiënt onderzoeken!'

'Als je het te veel gebruikt, kun je misselijk worden...'

'Denk erom dat je de formulieren straks invult. Ook zijn er regelingen voor eventuele inkomstenderving.'

'Ik kom de temperatuur meten... 38,9! Dat is hoog, zeg...'

'Over twee dagen kun je wat mij betreft naar huis. Het is gevaarlijk om hier langer dan twee dagen te liggen. De kans op een longontsteking is hier levensgroot aanwezig. Ik wil je dus zo snel mogelijk weg hebben. En tot die tijd: flink doorademen... Ook als het pijn doet!'

'Zorg ervoor dat je veel drinkt. Minimaal twee liter per dag. Je nier moet meteen goed op gang komen.'

'Heb je last van winderigheid...? Ja? Dat is een goed teken, dan komen de darmen weer langzaam op gang.'

'Als je het te veel gebruikt, kun je misselijk worden...'

'Gebruik je drugs? Weet je het zeker? Cocaïne? Wiet? Nee? Je temperatuur is hoog... Dus je gebruikt geen drugs? Ik ben geen politieagent hoor, mij kun je gerust vertellen of je iets slikt... of snuift...'

'Ronnieponnie, aan de kant, de patiënt moet de lijst voor het eten invullen... Ja, ik zie ook wel dat je bezig bent, maar ik moet ook verder... Ja Ronnie, jij bent ook lief – en nu: wegwezen geblazen!'

'Als je morgen geen ontlasting hebt, moet je dat even doorgeven. Eventueel kunnen we dan een klysma zetten. Maar waarschijnlijk komt de boel vanzelf weer op gang.'

'Ik ga beneden weer even paffen. Het is me hier veel te druk. Tot straks.'

'Ja zoon, daar lig je dan...'

'Hallo, wakker worden! Ik kom een paar buisjes bloed afnemen. In welke arm wil je geprikt worden?'

'Als je het te veel gebruikt, kun je misselijk worden...'

'Je kent mij niet. Ik ben een arts in opleiding. Ik ben bezig met een promotieonderzoek naar het gebruik van steunkousen... Steunkousen, ja. Die hebben we je vlak voor de operatie aangetrokken. Ik onderzoek of ze de kans op trombose significant doen afnemen. Kun je antwoord geven op een paar vragen?'

'De wonden zien er prima uit. Slechts één gat lekt een beetje. Ik zal de pleister voor je vervangen.'

'Ik kom een trombosespuit zetten... Nee, ik weet niks van steunkousen... Ik moet je elke dag een injectie geven om trombose tegen te gaan. Als je even op je zij gaat liggen... Nee, ik weet echt niks van steunkousen.'

'De pijn valt zeker tegen, hè? Ik zei al tegen je dat je te optimistisch was, de eerste dagen zullen zwaar zijn. Maar het ergste heb je achter de rug... Ik kan helaas niet te lang blijven, want ik moet zo meteen naar een conferentie over donaties, op een boot... De SS Rotterdam! Spannend... Morgen hebben we daar ook een feestje. Ken je die oude serie, *Love Boat*? Dat is het thema van de feestavond. Ik heb bij de kringloopwinkel een gekke jurk gekocht... Maar ik zal je niet langer storen, ik wilde alleen even mijn gezicht laten zien. Ik bel je volgende week wel even om te vragen hoe het met je gaat.'

'Wat ik net meemaakte... In de rookkamer zat een vrouw en die was voor de vijfentwintigste keer aan haar hersens geopereerd. En roken dat ze deed. Een stoere tante.'

'Als je het te veel gebruikt, kun je misselijk worden...'

'Doen de sokken pijn?'

'O ja, we overwegen om de nieuwe naam voor ons donorprogramma toch weer te vervangen door de oude... We moeten wel. Binnen de Europese Commissie is er veel tegenwerking, vooral van de christelijke partijen. En misschien gaat de levende donatie wel helemaal op de schop. Internationaal bestaat er jammer genoeg geen consensus over de ethische kant van het verhaal.'

'Hoi, ik was hier gisteravond ook... Je kent me niet meer? Dat kan ik me voorstellen met al die gezichten die voor je opdoemen... Je gaf gisteren aan dat je wilde meedoen aan het onderzoek naar de isolatie van mesenchymale stamcellen uit vetweefsel dat vrijkomt bij niertransplantaties van levende donoren... Inderdaad, een hele mond vol... We hebben tijdens de operatie een stukje weefsel weggenomen, dank daarvoor, maar ik was gisteren vergeten je het toestemmingsformulier te laten ondertekenen.'

'En afknellen?'

'Je ziet er gezond uit. Over twee dagen kun je wat mij betreft naar huis.'

'Als je het te veel gebruikt, kun je misselijk worden...'

'Als je het te veel gebruikt, kun je misselijk worden...'

'Laat je niet gek maken door al die artsen. Je bepaalt zelf wanneer je vindt dat je hier weg kan... Nee hoor, luister maar naar je lichaam.'

'Buurman, morgenavond is Feyenoord tegen Twente, voor de beker. Wie denk je dat de finale haalt...? Ja, ik ben een Feyenoorder... Twente?!'

'Je bloeddruk is weer normaal. Over een uurtje of twee kom ik nog een keertje meten. Kijken of het herstel zich doorzet.'

'Iets drinken? Koffie? Thee? Water? Iets fris?'

'Jeuken de sokken?'

'Ik weet het, ze laten je hier niet met rust. Dag en nacht zijn ze met je bezig. Slapen kun je hier wel vergeten.'

'Even op het watje drukken, dan pak ik een pleister... Zo, en nu je onderarm een paar minuten omhooghouden.'

'Hier zijn je medicijnen! Slik de pillen maar meteen, dan kan ik je afvinken op mijn lijst.'

'Níet aan de katheter zitten! Of wil je graag een infectie?'

'Als ik hier druk, doet het dan pijn?'

'Ik ga weer even naar de eerste verdieping, een sjekkie roken.'

'En hier?'

'Ook geen soep? Ik heb kippenbouillon en heldere tomatensoep...'

'Hier?'

'Ook geen last van tintelingen in je benen?'

'Als je de pijn in een rapportcijfer zou moeten uitdrukken, welk cijfer geef je dan? 0 is geen pijn, 10 is heel veel pijn... Een 7,2? Dat is hoog. Vergeet niet het morfine-pompje te gebruiken.'

'38,6...'

'Voel je dit?'

'Als je het te veel gebruikt, kun je misselijk worden...'

'Als je het te veel gebruikt, kun je misselijk worden...'

'Als je het te veel gebruikt, kun je misselijk worden...'

'Als je het te veel gebruikt...'

   '... te veel gebruikt...'

      '... te veel gebruikt...'

24

grapje van de architect

(de nachtzuster)

woensdag 24 maart 2010, 2.20 uur

'Kun je niet slapen?'

Wie bent u nu weer?

'Rustig maar, je hoeft je niet op te winden. Ik ben de nachtzuster.'

U bent nummer 50 die vandaag aan mijn bed verschijnt.

'Dat zal wel, ja. Ik kom alleen maar even een kijkje nemen. Wil je iets hebben om te kunnen slapen?'

Slapen? Dat is hier helemaal niet mogelijk. Mijn buurman had gelijk. Jullie laten me niet met rust. En dat terwijl je half versuft bent van de narcose en de pijn.

'Ik weet het.'

De hele dag trekt er een carnavalsoptocht aan me voorbij. En ik haat *fuckin'* carnaval, ook al ben ik geboren in Zuid-Limburg. Laat me alstublieft even uitpraten...

Telkens als ik probeer weg te soezen, bonst er weer zo'n gek tegen het raam. En waar vallen ze me mee lastig? Met sokken, met soep, met wissewasjes...

'Déze gek zegt altijd tegen de patiënten: herstellen doe je pas thuis. Altijd is er wel iemand die komt prikken of een vragenlijst onder je neus duwt.'

Geweldig... Het lijkt wel of iedereen hier moet promoveren. De een verdiept zich in handgeassisteerde ingrepen, de ander onderzoekt het effect van steunkousen. Waarop promoveert u, de correlatie tussen de elasticiteit van pyjama's en wondvocht?

'Ik ben maar een gewone verpleegster... Wij trekken onze wenkbrauwen ook wel eens op als we zien hoe die artsen voortdurend hun winkeltjes etaleren en elkaar laten promoveren... Als verpleegster heb je daar geen enkele invloed op. Ik probeer gewoon mijn werk zo goed mogelijk te doen.'

Dat heeft u mooi gezegd: láten promoveren. Aanstellerij is het. En voor die aanstellerij krijgen ze vijf keer zoveel betaald als u.

'Ja, mijn salaris houdt inderdaad niet over. Ik werk nu bijna vijfentwintig jaar in dit ziekenhuis en mijn man en ik kunnen nauwelijks rondkomen van onze salarissen.'

Kijk, dat bedoel ik... Het valt me trouwens op dat u niet meer van die doorschijnende kleding draagt. Waarom is dat?

'Wat?'

In mijn herinnering zagen zusters er altijd een beetje geil uit... Je zag hun onderbroekjes duidelijk zitten.

'Volgens mij heb je te veel morfine gebruikt, je begint te ijlen.'

Nee hoor, ik ben klaarwakker. Ik meen het echt, ik had me verheugd op een paar strakke billen in een string. U draagt een katoenen gordijn.

'Je bent in een ziekenhuis hoor, niet in een dancing.'

Juist in een ziekenhuis moet het aangenaam zijn... Toen ik vroeger mijn oma opzocht, bleef ik altijd zo lang mogelijk op de gang dralen. Onderbroekjes spotten. Spannend was dat... Ik ben daardoor een beetje van het ziekenhuis gaan houden. Ik verlangde er zelfs naar om ook opgenomen te worden, vanwege die onderbroekjes.

'En dan lig je eindelijk in het ziekenhuis en dan zie je alleen maar... Hoe noemde je ze ook al weer, katoenen gordijnen?'

Verschrikkelijk, ja. Als je de hele dag wordt lastiggevallen door personeel dat doorschijnende jurkjes draagt, dan maakt dat het storen een stuk aangenamer.

'Ik zal je dan ook niet langer ophouden, misschien lukt het je toch om wat te slapen... Waar is trouwens je buurman?'

Mijn buurman? Die schoffelt elk uur met zijn rollende infuuspaal vol slangen, zakken en weet ik wat voor apparatuur daar allemaal aan hangt naar beneden. Op de eerste verdieping schijnen jullie een rookkamer te hebben.

'Gaat hij daar elk uur naartoe? Helemaal van negen naar één?'

Dat u dat nog niet is opgevallen. Ik heb na een verdoofde dag al zijn hele patroon te pakken.

'Ik wist wel dat hij zo nu en dan gaat wandelen, maar roken... Weet je het zeker?'

Hallo!

'Hij heeft net een nieuwe nier gekregen...'

En ik ben blij dat het niet de mijne is.

'Dat kan ik me voorstellen.'

Ik zie hier overigens volop randdebielen voortschuifelen. Zingende negers, mompelende Marokkanen met piepende machines op hun buik, kettingrokende worpen van generaties Rotterdamse inteelt. Het lijkt wel of ik in *One Flew Over the Cuckoo's Nest* ben beland. Normale mensen liggen hier blijkbaar niet.

'Je overdrijft.'

Natuurlijk overdrijf ik niet. U ziet toch ook wel die optocht van mismaakten aan u voorbijtrekken? Er is zelfs een man die voortdurend blaft. Hoort u wat ik zeg? Blaft!

'Waar kom je eigenlijk vandaan? Ik dacht een zuidelijke tongval te horen...'

Niet van onderwerp veranderen. Vertel, op welke afdeling liggen de normale mensen?

'Je bent een beetje van streek door de lange narcose, dat is normaal. Probeer maar wat te slapen, morgen kijk je weer heel anders tegen de wereld aan.'

Misschien lijkt de kamer morgen dan wel een stuk groter.

'Ja, die is inderdaad klein... Een grapje van de architect, zeggen wij altijd.'

Maar dat grapje kan wel levens kosten. Mijn bed kan niet naar buiten zonder dat van mijn buurman honderd en tachtig graden te draaien en tegen de wasbak te schuiven. Ik neem aan dat de andere kamers ook zo klein zijn?

'Ja, alle tweepersoonskamers zijn even groot–'

Klein!

'Wat ben jij chagrijnig, zeg. Je kunt beter proberen te slapen.'

Ik heb toch zeker gelijk. In noodgevallen krijg je dit bed niet één-twee-drie de gang op. Laat staan dat er ruimte is voor medische apparatuur.

'Geloof me als ik zeg dat we in noodgevallen precies kúnnen doen wat we móéten doen. We weten inmiddels hoe we op die momenten met de ruimte om moeten springen.'

Nu u er toch nog bent. Kijk eens naar de snee boven mijn schaambeen... Schijn maar eens met dat lampje op de pleister... Zo ja. En nu moet u me eens vertellen of daar een vlezige vuist doorheen kan?

'Hoezo?'

Eerst de vraag beantwoorden.

'Nee, daar kan geen hand doorheen...'

Nu moet u weten dat ik meedoe aan een pro-mo-tie-on-der-zoek. Een arts onderzoekt de pijnklachten van patiënten die mogelijk, let op de intonatie, die mo-ge-lijk een handgeassisteerde ingreep hebben ondergaan. En ik mag niet weten welke techniek bij mij is gebruikt, want dat beïnvloedt wellicht de resultaten.

'Ik kan je niet volgen?'

Door die snee kan geen volwassen hand. Zelfs niet die van een vrouw of van een kind van boven de acht. Bij mij heeft dus geen handgeassisteerde ingreep plaatsgevonden.

'Maakt dat wat uit?'

Ik moet de komende weken vragenlijsten invullen en net doen of ik dat niet weet. Ik moet doen of ik achterlijk ben. Een mongool die in de zandbak speelt met allerlei gekke vormpjes. Zodat mevrouw Knots rustig kan pro-mo-ve-ren.

'Je kunt toch–'

Bovendien kan ik de andere wonden tellen... Kunt u met de lamp iets hoger schijnen? Telt u mee: één, twee, drie, vier pleisters, vier kogelgaten dus. Bij de HARP-methode worden twee tot drie sneetjes in de buik gemaakt. Dus?

'Ik weet niet wat een HARP-methode is.'

Een arts promoveert op een onzinnig onderzoek. En ik werk daaraan mee.

'Dat is toch je eigen keuze?'

Dat is inderdaad mijn eigen keuze.

'Ik begrijp je niet. Wat wil je nu precies zeggen?'

Dat het mijn keuze is om aan een onzinnig onderzoek mee te werken. Zo is het.

'Ik haak af.'

Schijnt u eens op mijn rechterarm... Ziet u die bloeduitstortingen? Ik weet niet hoe vaak de verpleegsters vandaag mis hebben geprikt. Waarom prikken er eigenlijk geen mannen?

'De mannen prikken ook, hoor.'

Ik ben vandaag vier keer geprikt, alle vier de keren door een vrouw. En gisteren ook drie keer, door een vróúw.

'Dat is toeval.'

Prikt Ronnieponnie ook wel eens?

'Ha ha, je bedoelt Ron? Die heb je dus ook al ontmoet? Nee, die laten we liever niet prikken.'

Waarom mag Ronnieponnie niet prikkie prikkie doen?

'Precies om de reden waarom jij het bij hem over prikkie prikkie hebt.'

Ik begrijp het... Maar dat prikken was vandaag dus écht een drama. Krijgen jullie daar geen les in?

'Soms zit er een klep voor het vat, of de ader gaat rollen. Daar kun je niet altijd wat aan doen. Maar we zijn niet allemaal even handig, zal ik maar zeggen.'

Kunt u ook eens naar mijn ballen kijken? Het lijkt wel of ze door de katheter wat zijn opgezwollen.

'Dat kan, ja... Ik zal eens kijken... Ja, ze zijn iets gezwollen. Zijn ze gevoelig...?'

AUW!

'Nu stel je je aan... Ik ga weer verder met mijn ronde.'

Wat meer respect zou op zijn plaats zijn.

'Respect? Nee hoor, die tijden zijn voorbij. We hebben helemaal geen tijd om respect op te brengen voor onze patiënten. Met dank aan de politiek.'

Gaat ú nu klagen? Dat is de omgekeerde wereld.

'Jij wilt respect en ik zeg dat we daar geen tijd voor hebben. Je hebt zelf gezien wat voor een heksenketel het hier overdag is. En je wilt niet weten hoeveel patiënten thuis zitten te wachten tot er een bed vrijkomt. Je ligt hier op een schopstoel, hoor.'

Is die werkdruk mijn probleem? Ik doneer gratis en voor niets een nier aan een onbekende en u begint over de hoge werkdruk.

'Dus?'

Ik vind dat ik meer respect verdien.

'Waarom ben je toch zo kribbig? Het was toch je eigen keuze om een nier te doneren? Of niet soms?'

Ja, laten we er een semantische discussie van maken zo midden in de nacht. Wel zo gezellig.

'Een wat?'

Een semantische discussie.

'Abracadabra simsalabim... Ik moet verder.'

Ja, vlucht maar voor de realiteit. En dat is nog gelegitimeerd ook, door de nalatige politici.

'Ik hoop maar dat je die bokkenpruik morgenvroeg hebt afgezet. Dit is voor niemand leuk.'

Bokkenpruik? Ik...? Daar komt mijn buurman aan. Ja, dat slome geschuifel herken je meteen. Laat u me maar snel alleen, dan doe ik of ik slaap. Anders begint hij weer tegen me te lullen. En geloof me, uit die man komt geen zinnig woord.

'Nou, welterusten dan.'

Welterusten?! Hoort u niet al die piepjes en bliepjes uit de andere kamers komen? Om gek van te worden. Welterusten, me reet.

25

heuvellandschap uit mijn jeugd

(de buurman)

woensdag 24 maart 2010, 7.05 uur

'Goeiemorgen, heb je goed geslapen?'

Wat denk je nou zelf, Bennie?

'Huh?'

Telkens als ik net dreigde weg te zakken, hoorde ik je weer met die slangen worstelen en uit je bed kruipen... Even later kom je binnen in een walm van zware shag. Nee, slapen is dan absoluut onmogelijk.

'Ik kan hier ook niet slapen. Ze geven me twee slaappillen, maar die helpen geen biet. Dat woelen vind ik maar niks, en dus ga ik lekker even paffen.'

Wel zes keer vannacht!

'Ja, dat kan best. Lekker een paar peukies roken, daar word ik rustig van.'

Doe je dat thuis ook?

'Meestal slaap ik op de bank, voor de televisie. Mijn

vriendin gaat altijd vroeg naar bed. Ik drink dan nog gezellig een paar blikjes bier en draai zo nu en dan een sigaretje. Tegen drie, vier uur val ik voor een paar uurtjes in slaap.'

En dan ga je werken?

'Werken? Welnee... Sinds mijn nierziekte kan dat niet meer. Ik zat in de bouw. Wel ga ik om de dag naar de dialyse.'

Dat noem ik geen werken.

'Nee.'

Hoe lang heb je die nierziekte eigenlijk al?

'Eens even kijken... Toch zeker wel twee jaar... Ja, vanaf mijn vierenvijftigste.'

En met die nieuwe nier ben je straks weer de oude?

'Zou kunnen. Tot nu toe doet de nier het nog niet zo goed. Hij moet nog wakker worden.'

Wakker worden?

'Zo noemen ze dat hier. Ik heb de nier van een dode gekregen, dan duurt het langer voordat hij werkt... Op de operatiekamer hoorde ik toevallig dat ze het hadden over een verkeersongeluk. Een jongen van drieëntwintig, uit Nijmegen... Ik werd om elf uur 's avonds gebeld en moest meteen komen. Drie kamers verderop ligt een man die de andere nier heeft. Bij hem produceert die wel al urine.'

Misschien rookt en zuipt die man niet als een ketter.

'Dat zou kunnen... Ach, ik maak me er allemaal niet zo druk over. Dat is nergens goed voor.'

Daar is iets voor te zeggen... Ik heb trouwens mijn dominosteen ontmoet.

'Je wat?'

Toen ik naar de operatiekamer werd gebracht, hebben ze per ongeluk de dominosteen ook meegenomen. Tegelijkertijd.

'Je dominosteen?'

Laat ook maar... Wat heb je trouwens dikke bulten op je onderarm, het lijkt wel een heuvellandschap uit mijn jeugd.

'Dat is van de dialyse. Door het prikken zijn de bloedvaten opgezet... Hier in deze gaat het bloed eruit en via deze komt het weer terug. De shunt pompt het bloed rond.'

De shunt?

'Dat is een motortje dat het bloed door de machine slingert. Als ik mijn arm dicht bij mijn hoofd leg, hoor ik hem zoemen.'

Zo te horen ben je een rasechte Rotterdammer.

'Geboren en getogen. Altijd in Feyenoord gewoond.'

De wijk Feyenoord? Dan ben je vast en zeker lid van de harde kern van de supporters, excuseer, 'zogenaamde' supporters van Feyenoord. Dat kan bijna niet anders. Heb ik gelijk of heb ik gelijk?

'Ik doe het tegenwoordig wat rustiger aan, maar mijn twee zonen zijn fanatiek, joh.'

Die zitten dus regelmatig vast voor geweldpleging?

'Dat gebeurt wel eens. Maar die ME'ers lokken het zelf uit. Als je ziet hoe die kerels de supporters treiteren. Daar lusten de honden geen br–'

Hou nou toch op! Je gaat toch niet dat schorem een beetje lopen verdedigen? Die zoon van je die gisteren bij je op bezoek was, in die trainingsbroek, en met een petje, stereotiep zullen we maar zeggen, dat zie je toch zo dat die jongen naar het voetbal gaat om te motten.

'Hij is er inderdaad niet vies van.'

Jullie verzieken het voetbal.

'Een beetje motten hoort er gewoon bij. Zolang als ik me kan herinneren, wordt er op de tribunes gestoeid. En dan heb ik het al over begin jaren zeventig...'

Gestoeid? Dommigheid noem ik het. Jullie gedragen je als hersenloze padden en waarschijnlijk komt dat doordat jullie ook hersenloze padden zijn.

'Nu moet je ophouden. Ik kan veel hebben, maar je kunt ook te ver gaan.'

O ja? Om het uur een paar sigaretten gaan roken, dag en nacht, terwijl je net een nieuwe nier hebt gekregen. Je wilt me toch niet wijsmaken dat je dan veel verstand in die kop van je hebt zitten?

'Ach jongen, ik ga met jou geen ruzie maken. Dat is zonde van mijn tijd.'

Dat is waar. Je bent misschien toch niet zo dom als je eruitziet.

'Dank je wel.'

Graag gedaan... En nu we toch op zo'n goede voet met elkaar verkeren, heb ik een verzoek aan je.

'Wat kan ik voor je doen?'

Je hebt de hele dag de televisie aanstaan, de hele dag sbs 6. Kan dat apparaat niet af en toe eens uit?

'Daar heb je toch geen last van? Ik heb een koptelefoon op.'

Bennie, ik zie die oppervlakkige beelden de hele dag

door de kamer flikkeren. En ik háát SBS 6. Je wilt niet weten wat er voor mij allemaal mee resoneert als ik die ordinair gecoiffeerde nepkoppen zie.

'Doe het gordijn dan dicht als je er zoveel last van hebt.'

Mijn scherm is de hele dag zwart, neem daar eens een voorbeeld aan. Ik zie mezelf liggen, in de spiegeling... Shit, nu ik er zo over nadenk, jij ziet jezelf waarschijnlijk ook terug in die kutprogramma's van SBS 6. Godverdomme, ik ben dus geen haar beter. We kijken allebei graag naar onszelf...

'Waar heb je het allemaal over...? Gisteren was je trouwens een stuk vriendelijker dan vandaag. De narcose is bij jou slecht gevallen.'

Zou dat het zijn?

'Dat hoor je wel vaker.'

Van wie?

'Van de mensen in het ziekenhuis.'

Wat ga je met die schaar doen?

'Ik knip de onderste pijpen van mijn joggingbroek af, want hij zakt altijd af door de druk van de slangen. Dan kan ik die gewoon uit de pijpen laten hangen, dat is een stuk makkelijker... Het is een broekie van de markt, vijf euro.'

Hang die afgeknipte stukken broek anders op het prikbord, dat is zo leeg. Een mooi souvenir.

'Hang zelf wat op.'

Wat heb je trouwens vandaag nog op het programma staan, behalve roken?

'Straks krijg ik een punctie. Schieten ze met zo'n pistool in mijn buik om een stukje weefsel van mijn nieuwe nier weg te nemen. Ik heb dat al eerder gehad.'

Pijnlijk?

'Nogal. Maar ik laat het maar gebeuren. Ik kan er toch niets aan veranderen. Tijd om een paar peuken te roken... Je moet trouwens niet zoveel op die morfineknop drukken. Als je het te veel gebruikt–'

Kun je misselijk worden... Ik heb ook een boodschap voor jou: in dichte damp en donkere rook kun je ook boete doen.

'Het zal wel... Nou, succes met je chagrijn.'

*

'Mag ik zo meteen even je mobiel lenen? Mijn beltegoed is op. Mijn vriendin staat buiten voor de deur en is haar sleutels vergeten. Ik zei gisteren nog: let op je sleutels... De honden zijn nu alleen. Gelukkig heb ik wel parket, dus met een mop is het hele zooitje zo opgeruimd.'

*

'Ik weet op de eerste verdieping in de buurt van het rookhok een koffieautomaat te staan waar je gratis van kunt pakken. Maar na twee bekertjes moet ik snel naar het toilet en spettert die koffie er zo weer uit. Ik heb al drie dagen diarree. Ik sta van onderen in de fik joh, je wilt het niet weten...'

*

'Ze proberen mij telkens weer opnieuw een appel bij het avondbrood aan te smeren, maar ik lust helemaal geen fruit. Nooit gedaan.'

*

'Ach, in mijn omgeving heeft iedereen wel eens in de petoet gezeten. Dope vooral... Of ik ook heb gezeten? Zeker... Waarvoor? Dat weet ik niet meer, dat ben ik vergeten.'

*

'Waarom die zusters noteren wat ik gedronken heb? Ik kan niet schrijven... Nee, daar schaam ik me niks voor. Ik heb er toch geen last van?'

*

'Tijd voor een sjekkie... Ik ben even naar beneden...'

26

een slaaf van de realiteit

(de schrijver)

woensdag 24 maart 2010, ca. 11.00 uur

Wie ben jij nu weer? Ik wil rust, RUST!

'Zeg niet dat je geen vermoeden hebt.'

Een raadsel. Dat is weer eens wat anders. Eens kijken...
Je bent bezig met een onderzoek... een onderzoek naar...
een onderzoek naar de effecten van lakens op de wond-
genezing?

'Je weet dat ik geen medicus ben.'

Dat weet ik helemaal niet.

'Waarom tutoyeer je me dan? Tegen iedereen in het
wit zeg je u, van de chirurg tot de verpleegster die je komt
wassen.'

Inderdaad, gek... Bij jou voel ik die behoefte aan afstand niet. Hoe zou dat komen? Kennen we elkaar?

'Laat ik zeggen dat ik jou als geen ander ken.'

Je lijkt mij van ongeveer dezelfde leeftijd. Heb je bij
mij in de klas gezeten?

'Nee.'

Op voetballen?

'Ook niet.'

Uit de kroeg?

'*Nope.*'

Je moet me wel een beetje helpen. Een tip.

'Ik moet niks.'

Bij wijze van spreken. Je kunt me toch wel op weg helpen?

'Ook jij kent mij als geen ander.'

Ook jij kent mij als geen ander... Moeilijk... Nee, ik heb je nog nooit eerder gezien. Toch?

'Zien en ervaren hoeven niet per se samen te vallen.'

Zien en ervaren hoeven niet per se samen te vallen... Ik heb je dus wel ervaren... zonder je te zien... Of andersom... Ben je wel echt? Komt het door de morfine dat ik je zie? Als je het te veel gebruikt... Je bent een hallucinatie!

'Nee.'

Ben ik warm?

'Lauw.'

Dus je bent zoiets als een hallucinatie?

'Soms.'

Je bent dus geen hallucinatie, maar ik ben wel lauw?

'Inderdaad.'

Ik heb hier eigenlijk helemaal geen zin in. Ik ben moe en ik heb pijn.

'Stel je niet aan.'

Misschien kun je maar beter gaan.

'Misschien ook niet.'

Waarom doe je zo geheimzinnig? En waarom kom je mij eigenlijk opzoeken?

'Ik ga even zitten als je het niet erg vindt... Je krijgt geen bezoek, dus ik dacht: laat ík dan tenminste even langsgaan.'

Ik wil helemaal geen bezoek.

'Dat betwijfel ik. Je zegt wel dat je geen bezoek wilt, maar dat zijn slechts woorden. Diep in je hart vind je die stoerheid ergens behoorlijk kinderachtig. Je voelt je even alleen op de wereld, ver weg van iedereen. Lekker zielig en dan, o ironie, ook nog eens een grote weldoener. Het kan niet op.'

Je schijnt veel van mij te weten.

'Heb ik gelijk of heb ik gelijk?'

Motieven zijn niet relevant, het gaat om–

'De feiten... Ga je het hele riedeltje nu alweer afdraaien? Nier eruit, nier erin, blablabla...'

Wie ben jij in godsnaam?

'Ik heers over leven en dood... Gaat er een belletje rinkelen?'

God?

'God bestaat niet.'

Ik zei maar wat.

'*Here the same.*'

Wie ben je?

'Laat ik het zo zeggen: ik moet chocola maken van jouw aanstellerij.'

Ik geef het op. Je hebt gewonnen.

'Dat is snel.'

Zeg nu maar gewoon wie je bent, dan hebben we dat gehad.

'Je was toch zo'n doorzetter? Hup, tegen de stroom in en die nier eruit!'

Wie ben jij?!

'Ik ben de schrijver van dit boek.'

De schrijver? Dit boek?

'Een autobiografische roman nog wel.'

Het moet niet gekker worden... Volgens mij is de dosis morfine te hoog, veel te hoog. Ik ben overvallen door een mystieke slaap. Ik zal de verpleegster even bellen, dan kan zij het pompje nakijken.

'Dat is niet nodig. Ik heb helemaal geen kwade bedoelingen. Zoals ik al zei, is het een autobiografisch boek.'

Ik laat dit even tot me doordringen...

'Neem de tijd.'

Stel dat ik mijn hallucinatie voor de grap even volg... Ik ben een personage in een boek, in jouw boek?

'Klopt.'

En dat boek is autobiografisch?

'Ook juist.'

Dan ben ik dus in feite... jou?

'Ja en nee.'

Waarom doe je toch zo moeilijk?

'Ik geef antwoord op je vraag.'

Waarom zoek je dan in godsnaam de confrontatie op met je hoofdpersoon, dat is toch compleet overbodig. Noemen ze dat niet postmodern?

'Ik wil je graag inspraak geven. Ik heb de indruk dat je niet helemaal tevreden bent met het verloop van je... laat ik het maar "je actie" noemen. Je moppert wat af sinds je uit narcose bent.'

Vind je het gek? Ik schenk iemand een nier en ik krijg de behandeling van een melaatse.

'Je hebt dus een betere behandeling verdiend?'

Vind ik wel, ja. Ik heb een leven gered. Misschien is dat in een ziekenhuis geen nieuws, maar voor mij is de impact toch behoorlijk groot. Het is niet elke dag dat ik een leven red.

'Eigenlijk wil je zeggen: ik ben een heilige, handel daar dan ook naar.'

Een heilige, een heilige... Nee, dat is overdreven. Maar er zijn mensen voor minder heilig verklaard, dat wel.

'Dat kun je vergeten.'

Wat?

'Dat je als een messias wordt behandeld.'

Ik zei net dat ik dat ook helemaal niet nastreef. Ik vind gewoonweg dat ik een beetje meer respect verdien.

'Maar waarom dan precies? Als er in je binnenste een heldensymfonie wordt gespeeld, dan is dat toch voldoende? Laat anderen erbuiten, die hebben hier niks mee te maken. Bovendien wilde je graag anonimiteit. Die krijg je volop. Stop dus met zeuren en mopperen. Stap uit dat zelfmedelijden. Het levert bovendien geen interessant verhaal op.'

Ik... Ho, wacht eens even! Jij bent de schrijver. Jij kunt dus bepalen wat er gebeurt?

'Tot op zekere hoogte.'

Tot op zekere hoogte? Dat snap ik niet. Ben je nu schrijver of ben je hem niet?

'Ik ben de schrijver van een autobiografisch relaas. En omdat ik dat genre hoog acht, wil ik me wel aan de feiten houden. Ik ben een slaaf van de realiteit, ik volg de werkelijkheid op de voet. Maar... Laat me even uitpraten... Maarrr, dat wil niet zeggen dat ik geen invloed heb. Natuurlijk heb ik invloed. Net als jij overigens.'

Heb ik invloed?

'Uiteraard. Je kunt bijvoorbeeld blijven doormopperen. Dan wordt je ziekenhuisopname een hel, dat wel. Maar wellicht wil je jezelf wel straffen. Lekker, die zelfkastijding...'

Geen gepsychologiseer alsjeblieft. Ik heb gewoonweg alle reden om te mopperen.

'Je hebt ook alle reden om vrolijk te zijn. Doelpunten tegen de looprichting in zijn de mooiste... Je hebt zelf voor deze operatie gekozen. Je hebt al die specialisten om de tuin geleid met je gelul over motieven. Geniet van het moment. Observeer. Relativeer. Stop eens met jezelf overschreeuwen.'

Ja, ja...

'Inderdaad, ja.'

Ik bedoelde het cynisch.

'Ik ook. Tot op zekere hoogte... Je hóéft geen klootzak te zijn, hoor. Begin eens met een gelegenheidsglimlachje.'

Dit lijkt Dickens wel, *the Ghost of Christmas Past*... Je komt mij confronteren met mijn zelfmedelijden, is het niet?

'Dat zijn jóúw woorden. Als jij vindt dat je lijdt, dan is dat jóúw keuze. Als jij denkt dat je een tijd in een soort vagevuur moet verblijven om te boeten voor je zonden, dan is dat óók jouw keuze.'

Nee hoor, de woorden zijn als ik het goed begrijp van jou!

'Ach.'

Ja, zucht maar. Maak er maar een spelletje van. Ik lig in bed, behangen met infusen en slangen, niet jij...

'Ach.'

Ja, ach maar... Kun je mij wel ondertussen even een glimp laten zien van de toekomst. Dat kun jij als autobiografisch schrijver toch zeker, mijn toekomst tonen?

'Zeker.'

Ik ben benieuwd...

'Waarom wil je zo graag weten wat je te wachten staat?'

Waarom niet? Kom op, tover de toekomst voor mij tevoorschijn...

'Zo gemakkelijk gaat dat niet. Ik heb je hulp daarbij nodig.'

Mijn hulp?

'Jouw hulp, ja. Ik moet weten welke koers jij gaat varen. Blijf je vol zelfmedelijden in bed liggen of probeer je er iets van te maken?'

Het komt door de narcose.

'Wat?'

Dat ik geagiteerd ben. Dat zei mijn buurman.

'Je buurman kent het woord "geagiteerd" helemaal niet.'

Zo, je bent op de hoogte. Heb je nog meer weetjes?

'Als je niet uitkijkt, blijf je chagrijnig – om het met de woorden van je buurman te zeggen.'

Origineel zeg.

'Niet alle weetjes zijn origineel.'

Vertel mij wat.

'Ach...'

Een mooie toekomstvoorspeller ben jij...

'Ik zei niet dat ik een toekomstvoorspeller ben. Je vroeg mij of ik jouw toekomst kon laten zien. Ik bevestigde dat. En ik zei dat ik daar jouw hulp bij nodig heb. Ik ben een schrijver, geen toverkol.'

En ik ben een personage. Althans, dat beweer jij. Ik sluit de morfine nog altijd niet uit als oorzaak. Mijn onderbewustzijn is aan het woord.

'Waarom ook niet, maak jezelf maar weer het middelpunt van de belangstelling.'

Dat doe ik niet.

'Dat doe je al het hele boek. Alles draait om jou. De heilige.'

Ik ben toch een personage? En een personage is toch vastgeketend aan de grillen van de schrijver? Jij bepaalt of ik–

'Ik bepaal niet alleen... Jij bent het personage in een autobiografische roman, weet je nog? Ik ben dus ook vastgeketend aan jou. En we zijn op onze beurt allebei vastgeketend aan de realiteit. We moeten de werkelijkheid zijn gang laten gaan, ook al kookt die over.'

Maar dan kan ik je toch niet helpen?

'Tuurlijk wel. Jíj bepaalt hoe je die werkelijkheid binnentreedt. Chagrijnig of vrolijk.'

En wat doe jij dan eigenlijk, mijnheer de schrijver?

'Ik volg je op de voet.'

Jij doet dus niks en ik bepaal wat er gebeurt?

'Ingrijpen heeft geen zin.'

Ingrijpen heeft geen zin, zei de grote schrijver.

'Inderdaad.'
Ook niet een beetje?
'Waarschijnlijk niet.'
Waarschijnlijk?

27

yes we care!

(de dominosteen)

'Jij bent het, hè?'

En jij bent zijn vrouw. Wij zijn samen naar de operatiekamer gebracht. Toch?

'Ja, dat was ik.'

Je man hield je hand vast. Ik zag zijn infuus en dacht meteen: die krijgt dus mijn nier, dat kan niet anders. En nu lopen we elkaar op de gang tegen het lijf...

'Ja, ik wist dat we gelijktijdig geopereerd zouden worden... En je lag tegenover me op de recovery. Maar ik had je al eerder in de gaten, hoor...'

De zonnestralen vielen door het raam op jouw gezicht. Ik zie het nog zo voor me. Je zag er sereen uit. Ik was zelfs een beetje jaloers op jouw mooie plekje. Ik lag helemaal in de hoek, in de schaduw... Maar hoezo had je mij al eerder in de gaten?

'Ik was er maandag vroeger dan jij. Ik zag je aan komen lopen met je sporttas. Ik zei direct tegen Bart: ik hoop dat het die leuke krullenkop is!'

Moet je luisteren. Mijn kamer was nog niet vrij toen ik arriveerde. Ik moest in de recreatieruimte wachten. Na een tijdje werd ik daar weggehaald, want ik liep te veel in de gaten. Ik liep te veel in de gaten! Stel je voor dat mijn ontvanger mij zou zien. Oei! Oei! Dat mag niet! En een dag later brengen ze ons samen naar de operatiekamer! Lekker handig...

'Ja, ik moest er wel om lachen. Hoe is het trouwens met je?'

Redelijk goed. Het lopen gaat nog wat moeilijk, de wonden trekken behoorlijk. En ik heb koorts. Maar ik voel me verder wel oké. En jij?

'Ik mag morgen al naar huis.'

Nee, morgen gaat mij niet lukken. Misschien overmorgen... Vrouwen zijn fysiek toch sterker dan mannen, dat blijkt maar weer.

'Dat weet ik niet, maar ik voel me prima.'

En hoe gaat het met je man... eh... Hoe heet hij ook alweer?

'Bart. De nier werkt goed, maar hij heeft nog hoge koorts en... Ik zie aan je gezicht dat je pijn hebt. Komt zeker door het staan... Zal ik even meelopen naar je kamer? Kunnen we daar verder praten. Of wil je liever geen contact met mij?'

Loop maar gerust mee.

'We kunnen ook eerst even naar Bart gaan. Dat vindt hij vast leuk.'

Nee, dat doe ik liever niet. Dat voelt niet goed... Ik wil me niet opdringen. Misschien een andere keer.

*

Blij dat ik weer lig. Komt waarschijnlijk door de narcose dat ik nog wat zwak ben. Maar je vertelde net over Bart, over zijn hoge koorts. Is dat erg?

'Volgens de chirurg niet... Bart is wel behoorlijk misselijk van de morfine. Ik had daar trouwens geen last van. Jij?'

Nee. Misschien een hallucinatie zo nu en dan, maar echt last... Nee hoor.

'Een hallucinatie?'

Ik heb behoorlijk veel morfine gebruikt. Gisteren stond er ineens een man in mijn kamer. Iemand die ik niet kende, maar toch ook weer wel. Een gek verhaal...

'Misschien droomde je?'

Zou kunnen. Is ook verder niet belangrijk. Ik voel me vandaag weer behoorlijk goed.

'Bart blijft maar overgeven... Maar de nier doet het goed. Hij heeft al wat urine geproduceerd. En dat is een goed teken... Stom zeg, ik heb je nog niet eens bedankt!'

Dat hoeft ook niet.

'Wij zijn echt verschrikkelijk blij met je nier! Toen Bart ontwaakte en hoorde dat de nier functioneerde, werd hij heel emotioneel. Je moet weten, we hebben twee kleine kindjes...'

Van welke leeftijd?

'Vijf en zeven. Twee meisjes.'

Fijn dat mijn nier zo goed terecht is gekomen.

'Waarom heb je het eigenlijk gedaan?'

Ach, ik had er één over en iemand anders één te weinig.

'Zo simpel is het toch niet?'

Ik weet het niet... Zoveel moeite is het toch ook niet?

'Nou, ík zou het niet gedaan hebben als Bart geen nier nodig zou hebben.'

Maar jij hebt kinderen, ik niet.

'Maar dan nog...'

Een weekje ziekenhuis, dat is toch niet het einde van de wereld?

'Je hebt ons in elk geval een prima niertje gegeven. Daar zijn we ont-zet-tend blij mee. We hebben weer een toekomst... Mag ik je kussen?'

Heel even dan. Maar met gesloten lippen!

'Je bent een vrolijke man. Bart zal het leuk vinden als ik over onze ontmoeting vertel.'

Liggen jullie op dezelfde kamer?

'Nee, dat mocht niet. Ze zijn bang dat je als stel in een patroon vervalt. Voor je het weet ga je een competitie met elkaar aan. Of de één wil niet toegeven dat hij pijn heeft. Bovendien, ik ben een echte regelaar. Het is beter dat wij een aparte kamer hebben, geloof me.'

Jij ligt dus op de gang hier schuin tegenover?

'Ja. Bart ligt op deze gang, twee kamers verderop.'

Dus mijn nier ligt op hooguit tien meter van mij af? Bizar... Ik hoop maar dat hij goed blijft werken.

'De eerste hobbel is genomen en niets wijst op afstoting.'

En die hoge koorts dan?

'Die heeft volgens de arts niets met een eventuele af-stoting te maken. Koorts is een normaal verschijnsel bij dit soort zware operaties... We hebben trouwens geluk gehad met jouw nier. Vorige week werden we gebeld met de mededeling dat er een orgaan beschikbaar was, maar dat de bloedgroep niet matchte. We hadden ons dus voorbereid op een donatie door de bloedgroep heen. Dat is een zwaar traject, met een hoge kans op afstoting... Een paar dagen geleden hoorden we dat de kruisproeven aan-toonden dat jouw nier precies bij Bart paste. Jullie heb-ben blijkbaar een zeldzame bloedgroep. Blij dat we wa-ren! Die koorts stelt dus écht niks voor...'

Ik ben ook oprecht blij dat ik jullie heb kunnen hel-pen.

'Dat heb je zeker... Mijn schoonvader heeft trouwens een brief voor je geschreven. Een temperamentvolle man... Maar misschien wil je die brief wel helemaal niet hebben?'

Jawel, hoor. Ik ben wel benieuwd naar wat hij heeft geschreven.

'Ik zal de brief aan Wilma Noordhoek geven. Die spreek jij toch ook regelmatig?'

Zeker. Met die brief zal ze vast verkrampt omgaan. Ze was echt panisch dat wij elkaar zouden ontmoeten.

'Dat merkte ik ook, ja. Ze maakt zich druk om niks. Wie ligt er trouwens bij jou op de kamer? Wordt die op dit moment geopereerd?'

Nee hoor, Bennie pendelt dag en nacht tussen rookka-mer en bed.

'Rookkamer? Die heb ik hier nog niet gezien.'

Die is ook niet op deze afdeling. De rookkamer is op de eerste verdieping.

'Hij gaat dus elke keer van de negende naar de eerste verdieping?'

De helft van de tijd zit hij te paffen, dag én nacht. Gelukkig is mijn nier niet bij hem terechtgekomen... Heb je trouwens een vermoeden wie die van jou heeft gekregen?'

'Nee, en daar ben ik eigenlijk ook niet zo in geïnteresseerd. Ik heb me geconcentreerd op Bart én op die leuke krullenkop.'

Hallo, blijf van mijn haren af.

'Ik ben zo blij!'

Blijf toch maar rustig zitten... Wie ligt er trouwens bij Bart op de kamer?

'De zingende neger.'

Shit zeg, die kwam maandag vrijwel gelijk met mij binnen. En maar zingen, inderdaad. Vals en hard.

'Hou op zeg. We worden gek van die man.'

Misschien heeft hij wel jouw nier ontvangen, ha ha...

'Volgens mij heeft hij een nier van een dode gekregen.'

Iets anders. In de recreatiekamer hing, als ik het me goed herinner, een poster met de slogan: *yes we care!* Vreemd genoeg lag daarbij een folder die ik nog niet kende; ik dacht dat ik een compleet pakket had ontvangen... Wist jij dat de gevoelens omtrent seksualiteit kunnen veranderen na de transplantatie...? Ik kon uit de tekst trouwens niet opmaken of het om de donor of om de ontvanger ging.

'Wat was dat dan voor folder, gewoon van het ziekenhuis?'

Ja, in dezelfde huisstijl als al die andere folders.

'Slordig zeg, die had ik wel graag vooraf gelezen.'

Yes we care!

'Ik zal daar met Wilma over praten.'

Ach, ze willen natuurlijk de drempel niet nóg hoger maken. Er zijn al zo weinig donoren. Bovendien, als de seksuele gevoelens kunnen veranderen, hoeft dat nog niet per se in negatieve zin te zijn. Ik zou straks maar oppassen, anders heb je er zo nog een paar kinderen bij...

'Maak er maar grapjes over. Ik vind het ronduit slordig dat wij niet goed zijn geïnformeerd.'

Een paar uur na de narcose kreeg ik trouwens een erectie. Dat noem ik behoorlijk positief. Maak je borst maar nat...

'Nee, ik kijk daar toch anders tegenaan. We zijn onvolledig geïnformeerd.'

Kom op, niet zo mopperen. Jij hebt toch zeker alle reden om blij te zijn. Dan ga je je toch niet druk maken om een foldertje... Kijk, daar is de lach weer. Die staat je trouwens bijzonder goed, die lach.

'Dank je wel... Je bent een bijzonder mens, weet je dat?'

Komen jullie uit Rotterdam?

'Praat er maar overheen. Duw de complimenten maar weg... Ja, we komen allebei uit Rotterdam. En ja, je bent een bijzonder mens.'

Ik kan behoorlijk vervelend zijn.

'Wie niet.'

En mijn gedachten zijn soms hoogst verontrustend.

'Zolang je ze niet in de praktijk brengt.'

Ik gebruik gemiddeld een rol toiletpapier per defecatie.

'Per wat?'

Defecatie. Per poepbeurt gebruik ik een rol papier.

'Dat is vreemd... Een hele rol...? En toch blijf je voor mij een bijzonder mens.'

Ik haat domheid, ik ben bang voor veel geld, ik draag vaak een week dezelfde broek, ik bedoel niet de onderbroek, een jeans, ik luister graag naar black metal, ik ben vaak dominant, ik gebruik te weinig deodorant, ik ben eigenwijs, ik haat poetsen, ik kan niet tegen te laat komen, ik hou niet van schrijfsters, ik ben vaak lui, ik ben te vrijgevig, ik kan geen stropdassen dragen, ik scheer me niet elke dag, ik heb meningen, ik ben bevooroordeeld, ik ben optimistisch-fatalistisch, ik haat feestjes, ik ben graag alleen, ik ben geen groot liefhebber van schaamhaar, ik ben ongeduldig...

'Een bijzonder mens, ik blijf erbij.'

Daarover verschillen de meningen. Misschien dat Bart nu een paar van mijn eigenschappen overneemt.

'Huh?'

Een kennis van mij gelooft dat de ziel ook in je organen huist. Hij is ervan overtuigd dat bij transplantatie een deel van je ziel meeverhuist naar het andere lichaam. Volgens hem kunnen sommige mensen dat extra stukje niet aan en worden bijvoorbeeld overspannen.

'Dat lijstje wat jij net opsomde, is grotendeels ook van toepassing op Bart. Ik ben dus niet zo bang voor die verhuizing...'

Dus ook hij is geen groot liefhebber van schaamhaar?

'Welke man is dat wel?'

Ik ben trouwens moe. Als je het niet erg vindt, ga ik zo meteen een poging ondernemen om wat te slapen.

'Natuurlijk. Ik ga even naar Bart om te kijken hoe het gaat. Ik zal hem de groeten van je doen.'

Ja, doe dat.

'Morgen, voor ik naar huis ga, kom ik nog even afscheid nemen.'

Is goed.

'Nogmaals veel dank. Heel veel dank.'

Ga nu maar!

28

niet zo slim, knikker

(de Opperpater)

vrijdag 26 maart 2010, 20.15 uur

'Met de Opperpater hier.'

De Opperpater, wat een verrassing!

'Ja, pater.'

Leuk dat je belt.

'Je was gisteren niet in 't Buitenbeentje. Mutti zei dat je in het ziekenhuis lag.'

Inderdaad.

'Dat is niet zo slim, knikker.'

Wat is niet zo slim?

'In België krijg je veertigduizend euro voor een nier.'

We zijn niet allemaal zo opportunistisch als jij, Opperpater.

'Ja, dat klopt.'

Hoe gaat het trouwens met je?

'Stabiel en soepel, knikker.'

Dat klinkt bekend.

'Ja.'

Heb je niet meer te melden?

'Nee, dat was het.'

Je wilt dus ophangen?

'*Eastenders* begint zo, pater.'

Dus?

'Structuur, hè.'

Ik snap het. Doe volgende week donderdag de groeten aan de jongens, want dan ben ik er ook niet.

'Zal ik doen.'

Trouwens, morgen ga ik waarschijnlijk naar huis. Ik voel me goed. Over een paar weken ben ik op donderdag weer van de partij. Dus ik–

'Is goed, knikker. Houdoe.'

*

Bennie, daar ben je weer.

'Ja.'

Lekker gepaft?

'Dat kun je wel zeggen.'

Net belde mijn vriend, de Opperpater. Hij rookt nog meer dan jij.

'Dat kan.'

Hij heeft het een keer gepresteerd om op één avond 105 sigaretten te roken. Hij stak de ene met de andere aan.

'105? Nee, dat haal ik niet.'

Plus 34 blikjes bier!

'Bij 20 ligt tegenwoordig mijn max, zeker nu met die kapotte nieren...'

De Opperpater is buitencategorie. In alle opzichten overigens. Hij is de beste moppentapper van Tilburg.

'Ja, dat kunnen jullie goed daar in het zuiden, moppen tappen.'

Nee hoor, alleen de Opperpater verstaat dat vak. De nieuwe Max Tailleur... Heb je trouwens tussen het paffen door nog gepoept?

'Het spoot er weer uit, godverdomme.'

Misschien moet je toch eens groente en fruit proberen te eten. Bananen vooral. Dat wil nog wel eens helpen.

'Het komt door al dat water en die jus d'orange. Ik mis mijn borrels. Daar zijn mijn darmen niet aan gewend.'

29

hassan, nu is het genoeg!

(de ex-ex-geliefde)

zondag 28 maart 2010, 15.45 uur

'Het viel dus allemaal wel mee?'

Absoluut. Al was het begin niet veelbelovend.

'Vertel.'

Schuif eens iets op... Misschien heb ik je al eerder verteld dat in het ziekenhuis gekleurde lijnen de weg wijzen?

'Weet ik niet meer.'

Ik zal het kort houden. Die gekleurde lijnen leiden de patiënt dus naar de betreffende afdeling. Alle kleuren kom je er tegen, behalve zw–

'Zwart, de kleur van de dood.'

Dat heb ik dus al verteld.

'Vertel maar verder.'

Ik loop dus maandagochtend naar het ziekenhuis, mijn tas in mijn hand en wat zie ik? De route naar de hoofdingang is aangegeven op zwarte palen. Heb ik dit al verteld...?

'Nee.'

De route was dus aangegeven met zwarte palen. Zwárte palen. Ben je eenmaal binnen, dan lachen de kleuren je tegemoet, maar buiten... Zwarter dan zwart... Ik zag daarin een slecht voorteken. Ik ben op weg naar de dood, dacht ik.

'En toch liep je door?'

Natuurlijk liep ik door.

'Dat vind ik dus niet zo vanzelfsprekend. Maar goed, je kent mijn standpunt over je actie.'

Die ken ik maar al te goed, schat. En daarom wil ik er liever niet meer op doorgaan.

'Je begint zelf over de dood!'

1-0 voor jou.

'Waarom begin je daar eigenlijk over? Ik dacht dat je ziekenhuisopname wel meeviel.'

Precies. En juist daarom begon ik over die palen. Mijn voorgevoel was slecht. Zwart, de dood, bla bla bla. Maar eenmaal binnen had ik een prima tijd. Het personeel was aardig, het eten was goed, de pijn viel mee.

'Een weekje vakantie, als ik het goed begrijp.'

Zo zou ik het niet willen noemen, schat.

'Welke woorden zou jij dan kiezen, schát?'

Aangenaam. Gezellig. Warm.

'Ik geloof er niks van.'

En toch is het zo.

'Je probeert mij voor de gek te houden.'

Helemaal niet.

'Volgens mij was het een rotweek en wil je dat niet toegeven. Stijfkop.'

Hoe kom je daar nu weer bij?

'Ik zie wanneer je liegt.'

O ja?

'Je trekt dan een beetje met je schouders, alsof je je voor jezelf wilt verontschuldigen.'

Hallo!

'Je ogen kijken me ook net iets te nadrukkelijk aan... Nee jongen, mij maak je niks wijs.'

Ik wil jou ook niks wijsmaken. Ik heb het gewoon best naar mijn zin gehad in Rotterdam. Dat mag toch?

'Ze hebben je opengesneden, een nier eruit gehaald en weer dichtgenaaid. En dat noem jij gezellig en warm?'

De mensen waren aardig... Ik kwam maandag binnen in de recreatiekamer en de patiënten reageerden vriendelijk. Een oude mevrouw wees me waar ze woonde. 'Daar, achter de pluk-me-kaal-straat,' zei ze. Ze bedoelde de straat van het belastingkantoor. Leuk hè...? En de Rotterdammers probeerden te dollen met mijn accent.

'Gebruik alsjeblieft je eigen woorden. Dóllen, dat woord past helemaal niet bij jou.'

Dat dacht ik eerst ook, maar waarom eigenlijk niet? In het ziekenhuis zijn mijn ogen opengegaan. Ik kan ook kiezen voor vrolijkheid. Met pessimisme bereik je niks. Met dollen is niks mis.

'Zo dadelijk zeg je nog dat je herboren bent.'

Hallo, ík was hier toch de pessimist...? Heb je mijn rol overgenomen?

'Ik heb niks overgenomen. Ik snap alleen niet hoe het

komt dat je zo wollig praat. Zo ken ik je niet.'

Wen er maar aan, schat. Samen met de nier is mijn zwaarmoedigheid uit mijn lichaam verdwenen. Een heerlijk gevoel.

'En waar is die zwaarmoedigheid dan gebleven, als ik vragen mag?'

Weg, foetsie, met de vuilnisman mee.

'Je maakt jezelf maar wat wijs.'

Geloof het nu maar. En geloof ook maar meteen dat ik hartstikke blij ben dat het weer goed is tussen ons. Ik heb je gemist. In het ziekenhuis heb ik veel over ons nagedacht. Ik heb je vergeven. We horen bij elkaar.

'Wat is er in godsnaam met je gebeurd?'

Ik ben herboren, om jouw woorden te gebruiken.

'Fijn.'

Je kijkt er anders niet vrolijk bij.

'Jongen, wat probeer je mij nu wijs te maken? Je ligt een week in het ziekenhuis en opeens kijk je anders tegen het leven aan?'

Precies! Ik ga het voortaan anders aanpakken. Het leven is te mooi om de hele dag te lopen somberen.

'Ga je dit nog lang volhouden?'

Hoe bedoel je?

'Zoals ik het zeg. Of je deze komedie nog lang gaat volhouden?'

Dat is geen komedie. Ik... Kun je me niet gewoon helpen? Ik doe toch mijn best.

'Moet ik ook toneel gaan spelen?'

Ja... Ik bedoel... Waarom niet eigenlijk? Laat mij gewoon vrolijk zijn, dat levert jou toch ook wat op. Jij klaagde altijd over mijn humeur. Ik ga het voortaan anders doen. Ik ga het leven positief benaderen. Dat is toch fijn?

'Zullen we er maar een andere keer over doorpraten? Je overvalt me met je, met je, met je... Ik moet er een keer rustig over nadenken...'

Neem de tijd. Ik begrijp dat je even moet omschakelen. Maar je zult zien dat we het samen fijn zullen hebben. We gaan alleen maar leuke dingen doen...

'We zullen zien. Vertel eerst maar eens iets léuks over je ziekenhuisopname.'

Luister, ha ha, luister... Een Indiase broeder, of hij was een Turk, ik weet het niet precies, ze lijken zo op elkaar, maakt ook niet uit, weet je wat die broeder telkens zei als hij de kamer verliet?

'Al sla je me dood.'

Je zou verwachten dat hij iets zou zeggen als: nog een prettige dag. Toch?

'Wellicht.'

Nog heel veel gezondheid. Hij zei: nog heel veel gezondheid.

'Ik kan me leukere dingen voorstellen.'

O, ja... Ik heb de man ontmoet die mijn nier heeft gekregen.

'Wat? De donatie zou toch anoniem zijn?'

Dat was ook de bedoeling, maar het lot beschikte anders... Ik heb trouwens de man niet echt ontmoet, ik heb hem gezien. Wel heb ik met zijn vrouw gepraat.

'Het lot beschikte anders?'

Per ongeluk werden zijn vrouw en ik tegelijkertijd naar de operatiekamer gebracht. Hij stond op de gang en nam afscheid van haar. Twee dagen na de operatie kwam ik haar weer tegen op de gang. Dat was een leuke ontmoeting. Ze waren hartstikke blij met mijn nier.

'Dat geloof ik graag.'

Mijn nier deed het trouwens meteen. Fijn hè?

'Zeker. Wat waren het voor mensen?'

Van mijn leeftijd, Rotterdammers. Esther en Bart. En ze hebben twee kleine kindjes. Mijn nier is prima terechtgekomen...

'Een fijn idee, lijkt me.'

Absoluut. Snap je nu waarom ik mijn leven wil veranderen? Ik wil die positieve ervaring benutten.

'De euforie komt weer opzetten...'

Mag het?

'Heb je nog iets afgesproken met die mensen?'

Natuurlijk niet.

'Zo'n stomme vraag is dat toch niet? Je hebt nu toch contact?'

Nee hoor, we hebben geen gegevens uitgewisseld. Het is goed zo. Ik weet nu wie mijn nier heeft en dat voelt fijn. Klaar.

'Het zal mij benieuwen. Nu ze weten wie jij bent, gaan ze natuurlijk je gegevens opzoeken en staan ze een dezer dagen voor je deur.'

Dat verwacht ik niet. Esther kwam op mij over als een intelligente vrouw. Zij begrijpt heel goed dat contact alleen maar tot verwikkelingen leidt. Nee, ik zal ze waarschijnlijk nooit meer zien. En dat is prima.

'Je hebt hém dus niet gesproken?'

Nee. Het leek mij uiteindelijk verstandiger om dat

niet te doen... Ik moet je trouwens nog wat leuks vertellen... De avond voor ik naar huis ging, was ik in de recreatiekamer. Samen met de andere patiënten keek ik naar het vuurwerk. De Euromast bestond vijftig jaar, geloof ik. Een Marokkaanse jongen begon tegen me te praten. Hij had een stoma, maar hij was heel opgewekt. Wat bleek...? Hij was tot zijn grote opluchting zojuist verhuisd naar een nieuwe kamer. Hij lag namelijk naast een vrouw die overdag gewoon over de gang wandelde, maar die 's avonds weigerde om het bed te verlaten. En juist 's avonds moest zij altijd poepen. Op de pot dus. En stinken... Hij lag dus in haar stank, ha ha... Let je op? Een uur daarvoor was het weer raak en toen zei hij tegen zichzelf: Hassan, nu is het genoeg geweest! Op hoge poten ging hij naar de verpleging en binnen een halfuur had hij een andere kamer. Toevallig was er net een patiënt vervroegd ontslagen... Je had zijn gezicht moeten zien. Hij deed de poepgeluiden perfect na, en dat met een Marokkaans accent... Kun je je voorstellen hoe dat klonk? We moesten allebei lachen. Maar niet te hard, want dat deed pijn, de littekens in de buik protesteerden... *Hassan, nu is het genoeg geweest!*

'Verhalen over poep doen het bij jou altijd goed.'

Je had zijn gezicht moeten zien...

'Ik weet het nu wel.'

Zie je het grappige van de situatie niet in?

'Eerlijk gezegd niet, nee.'

Maakt ook niet uit. Ik denk er in elk geval met veel plezier aan terug... Ik heb nóg iets leuks!

'Als het maar niet weer iets met poep is.'

Nee, nee. Ik moest op de operatietafel gaan liggen. Iedereen stelde zich aan mij voor. Een man of tien, ik bedoel ze waren met zijn tienen, mannen en vrouwen... Ik lag dus op de operatietafel, wat is zo'n ruimte trouwens groot, en al die apparaten... Maar goed, ik lag daar dus en voor ik de narcose kreeg, moest ik een aantal vragen beantwoorden: mijn naam, geboortedatum, et cetera. Gewoon ter controle. Toen vroegen ze me: ben je ergens allergisch voor? Ze bedoelden in medische zin. Ik antwoordde: voor SBS 6. Dat antwoord hadden ze niet verwacht. Eén assistent kreeg de slappe lach. Ja, dat was een leuk moment... Vlak daarna kreeg ik de narcose. Gek hoe zoiets werkt. Eerst begonnen de beelden te draaien, langzaam en daarna alsmaar sneller, ik kon niet meer focussen, heel gek, en daarna... Werd ik weer wakker!

'Ben je ook nog benieuwd hoe het met míj is?'

Natuurlijk wel.

'Daar merk ik anders niks van. Je hebt het alleen maar over je ziekenhuis.'

Ik ben net een dag... Hoe is het met je?

'Het hoeft al niet meer.'

Kom eens hier, lekker in mijn armen... Ik heb je gemist, Sanne...

'Onze ruzies zeker.'

In ruzies wordt de waarheid geboren.

'Zie je wel.'

Nee, schat... Pas op met je arm, je drukt tegen mijn buik. De wonden doen nog wat pijn... Ik heb je echt gemist. Je lekkere lijf, je billen–

'Mijn lijf, mijn billen?'

Laat me even uitpraten... Samen koken, met de hond wandelen, film kijken. Ik vind het fijn om weer bij je te zijn.

'Ik vind het ook fijn om bij jou te zijn.'

We gaan er iets leuks van maken samen. Afgesproken?

'Ik ben benieuwd.'

Je moet er wel in geloven...

'En als jij straks weer met een of andere rare actie aan komt zetten? Jij bent zo onvoorspelbaar. Ik kan daar niet zo goed tegen.'

Ik beloof je dat ik me zal gedragen.

30

kinderspel?

(de vriend)

donderdag 29 april 2010, 21.30 uur

'De laatste keer dat we elkaar spraken, was ook hier...
Gek, ik kom alleen nog maar in deze kroeg als ik met jou
afspreek. Kom jij hier nog vaak?'

De afgelopen weken ben ik natuurlijk niet meer in
een kroeg geweest. Daarvóór ben ik een enkele keer in
de Cul geweest. Meestal ga ik naar 't Buitenbeentje of
Weemoed... Ik kan me trouwens ons gesprek hier nog
bijna woordelijk herinneren. Je was behoorlijk fel over
mijn voornemen om een nier af te staan, Eric-Jan.

'Fel? Dat viel volgens mij wel mee. Ik was verbaasd en
snapte je niet. Maar we hebben dit toch aan de telefoon
uitgesproken?'

Zeker, ik ben ook niet kwaad of zo. Ik ben gewend om
veel kritiek te krijgen. En van jou kan ik dat zeker hebben. Je had trouwens ook wel een beetje gelijk.

'O ja?'

Het was inderdaad zo dat mijn depressiviteit een rol speelde bij–

'Dat maakt nou toch niet meer uit. Laten we niet opnieuw daarover beginnen.'

Toch wel, toch wel... Weet je wat er namelijk is gebeurd? Mijn doodsverlangen is verdwenen. Ik heb weer zin in het leven. Gek, hè?

'Dat is gek, ja. Ik ken jou als een behoorlijk depressief iemand... Hoe verklaar je dat dan?'

Waarschijnlijk heb ik een deel van mijn ziel vernietigd. Ik heb mijn depressie, vast en zeker voor een groot deel onbewust, ik heb dat deel van mij geprojecteerd op mijn linkernier en hop, samen eruit! Weg nier, weg depressie. Ik ben weer bovengronds.

'Zo simpel gaat dat toch niet?'

Onze geest is een groot raadsel. We kennen maar een fractie van wat zich daarbinnen allemaal afspeelt. En waarom zou het níét zo simpel zijn? Er zijn ook mensen die gedachten kunnen lezen, mensen die een tafel kunnen laten dansen en er zijn zelfs mensen die in een God geloven. Het laten verdwijnen van een depressie is in vergelijking daarmee toch kinderspel?

'Kinderspel? Je hebt een zware operatie achter de rug!'

Ik bedoel... Het is niet zo moeilijk om je geest te beïnvloeden. Te manipuleren, desnoods... Ik had mij voorgenomen om een nier af te staan. De weerstand in mijn omgeving was groot. Toch heb ik doorgezet. Aan die operatie heb ik een psychologische component toegevoegd. Lichaam en geest zijn één, nietwaar... Dus. Een deel van mijn lichaam is weg, een deel van mijn geest is weg. Foet-sie doodsverlangen.

'Zo simpel zal het vast en zeker niet zijn geweest. Je hebt toch tal van onderzoeken gehad, fysiek en psycho-logisch?'

Spielerei!

'Daar geloof ik niks van.'

En toch is het waar. Wat stellen die onderzoeken nu voor als je je oprecht voorgenomen hebt om een nier af te staan? Niks, nada, zero... Weet je, Eric-Jan, een depres-sie is iets verschrikkelijks. HIJ, met kapitalen geschre-ven, HIJ kan je compleet verlammen. Een onbestemd, somber gevoel neemt bezit van je hele lijf, ook fysiek. Steeds dat vechten... Een nier laten verwijderen stelt dan echt niks voor, jongen. Dat is dan inderdaad kinderspel...

'Ik herinner me ons gesprek over de perfecte zelf-moord...'

Dat was een beetje aanstellerij. IJdelheid. Ik speelde met dat gegeven, zonder dat ik de ernst ervan in de ga-ten had.

'Ik snap wat je bedoelt... Ben je er inmiddels achter waarom je dan wel een nier hebt gedoneerd?'

Het was een amalgaam van motieven. Maar ik denk wel dat mijn doodsverlangen de andere motieven voed-de. Altruïsme is bovendien geen oorspronkelijk motief, maar een afgeleide.

'Hoe bedoel je?'

Je voelt je alleen en wilt daarom benadrukken dat ie-dereen erbij hoort. Je helpt iemand, omdat je eigenlijk zelf geholpen wilt worden. En om je zelfvertrouwen te voeden... Dat verklaart ook de gretigheid waarmee mensen hun hulp opdringen, de ander door de strot willen duwen. Ze hebben het immers tegen zichzelf. De hulp is in eerste instantie voor henzelf bedoeld. En uiteraard proberen ze die opportunistische drijfveren te onderdrukken, weg te schreeuwen, anders lukt het niet.

'Kom op zeg, bekijk eerst eens jezelf.'

Dat doe ik toch. Ik veroordeel die mensen ook niet. Mijn drijfveren waren uiteraard ook opportunistisch. Ik schreeuwde net zo hard. Maar wat ik wil zeggen, is: het maakt niet uit... En ook weer wel. Ik heb iemand geholpen en die persoon hielp mij. Snap je?

'Een soort ruilverkaveling?'

Precies! Ik wil een nier geven, om wat voor reden dan ook, en een ander geeft mij de kans om dat te doen. Híj krijgt wat, ík krijg wat... Het grote probleem is echter dat je deze transactie niet mag benoemen. Alle specialisten in het ziekenhuis weten dat ik hierin gelijk heb, maar ze spelen toneel. De mallen waarin ze functioneren dicteren de toneelwetten en de vrijheidsgraden die ze hebben om te improviseren. En, laat me mijn verhaal even afmaken, ík speel ook toneel. Ik ken de mallen en weet dus welk masker ik op moet zetten in welke situatie... Opnieuw een transactie! Ik laat ze hún rol spelen, hun geld verdienen, zij laten míj een nier doneren. Zo simpel is het. Spielerei.

'Wat ik net wilde zeggen: is dit geen constructie achteraf?'

Deels. Ik wist heel goed waar ik aan begon en ik wist ook dat ik mijn motieven moest verkleden. Wat ik echter achteraf pas goed besefte, is dat mijn doodsverlangen het hoofdmotief was. En dat is maar goed ook, want anders was het me niet gelukt.

'Dit wordt interessant. Leg uit.'

Ik vond het lekker anarchistisch om een nier af te staan. Hop, tegen de stroom in. Ik kreeg er energie van. Heerlijk, die tegenwind.

'Wat heeft dat met je doodsverlangen te maken?'

Die anarchistische energie gaf mij vleugels. Dat vooral mijn doodsverlangen het vuur opstookte, realiseerde ik me dus pas achteraf. Was dat toen al tot mij doorgedrongen, dan was dat vuur natuurlijk meteen geblust... De dood is meer berekenend dan het leven.

'Die redenering klopt niet... Als de dood inderdaad meer berekenend was geweest, dan was je nu toch dood. Of zeg ik nu iets geks?'

Ik bedoel te zeggen dat mijn doodsverlangen mijn anarchisme gebruikte, voedde. Dat verlangen greep de kans om de kans op sterven te vergroten.

'De kans om de kans... Ik kan je niet volgen...'

De kans op overlijden was één op de tweeduizend. Mijn doodsverlangen wilde die kans grijpen en manipuleerde mijn geest, voedde die met motieven. Die operatie móést doorgaan, snap je?

'Nee. Je zegt dat je doodsverlangen door de operatie is verdwenen. Het leven is dus sterker dan de dood, en niet andersom.'

Als je het zo bekijkt, heb je gelijk... Maar natuurlijk klopt dat niet, want in dat geval zou ik niet hebben gedoneerd. Dan zou ik, het leven dus, de kans op overlijden niet hebben genomen.

'Misschien moet je het iets abstracter zien. Het leven heeft jou gemanipuleerd om een nier af te staan, zodat iemand anders door kon leven. De dood is dus een hak gezet.'

Shit zeg, een interessante invalshoek... Mijn doodsverlangen was dus een instrument van het leven... Niet van míjn leven, maar van hét leven... Leven → doodsverlangen → anarchisme → altruïsme → doneren → weg doodsverlangen → leven, keer twee → $leven^2$... Een gesloten cirkel. Een lemniscaat zelfs. Leven tot in het oneindige...

'Denk dáár maar eens over na.'

Dat zal ik zeker doen. Ga jij nu eerst maar eens een paar biertjes halen.

*

Bedoelde je met het leven God?

'Nee hoor.'

Maar je impliceert een hogere macht.

'Jij toch ook?'

Nee, dat doe ik dus niet. We kunnen het *quia* van het zijn toch niet verklaren...? Ik concentreer me op mijn geest en geef aan dat die veel geheimen bevat. Ik kom tot de conclusie dat die geest motieven creëert en dat die motieven onderling aan kruisbestuiving doen, al dan niet bewust. Maar ik beperk me tot mijn eigen geest. Ik haal er geen hogere macht bij. Al kan zo'n macht natuurlijk óók een motief zijn, een instrument van je geest.

'Nu maak je het onnodig ingewikkeld.'

Helemaal niet. Ik probeer mijn motieven te analyseren, meer niet. Daar wil ik geen God bij halen of welke hogere macht dan ook. Hooguit de hogere macht die in mijn hersenen zit en waar ik niet bij kan – en die misschien wel puur chemisch functioneert... Maar wellicht is dat voor jou te in-ge-wik-keld.

'Ga je me beledigen?'

Je bepaalt zelf of je je beledigd voelt.

'Flauw.'

Inderdaad... Ik denk dat we niet verder komen met deze discussie. En waarschijnlijk zullen we er nooit uitkomen, al gaan we nog een week door. Mijn werkelijkheid manifesteert zich als dé werkelijkheid, terwijl het slechts één werkelijkheid is... Bij jou is dat niet anders, Eric-Jan.

'Laat die conclusie maar aan mij over. Ik heb mijn eigen constructies waar ik het mee moet doen.'

Dat is dus wat ik bedoel. Onze werkelijkheden zullen niet matchen, kunnen niet matchen. Hooguit vinden we een paar gemeenplaatsen en verbinden daar conclusies aan... Ik kom weer uit bij *Rashomon*.

'Nog altijd niet gezien.'

Laten we er maar over ophouden. Ik ben in elk geval gelukkiger dan ooit, mijn depressie is weg, foetsie.

'Dat is natuurlijk mooi, maar vergeet niet dat je jezelf misschien wijsmaakt dat je depressie is verdwenen. Ik heb nog nooit gehoord dat een narcose een dergelijk effect heeft.'

Met dat eerste ben ik het eens, maar dan nog... Als het werkt, werkt het... Over de narcose doen overigens de

gekste verhalen de ronde. Ik las over complete persoon-
lijkheidsveranderingen. Dus...

'Iets anders. Hoe is het met je moeder?'

Mijn moeder? Heb je genoeg van de discussie?

'Eerlijk gezegd wel. Ik vind het gehalte navelstaarderij
te hoog worden... Ook bij mij, hoor.'

Misschien heb je wel gelijk... Met mijn moeder gaat
het goed. Ze redt zich best zo zonder mijn vader. Het blijft
voor haar nog wel zoeken naar een nieuw evenwicht,
maar ze is op de goede weg. Ja, ze doet het naar omstan-
digheden prima.

'Ze was zeker blij dat jouw operatie goed is verlopen.'

Ik heb haar er zo weinig mogelijk bij betrokken. Ze is
zeker blij dat het achter de rug is, maar de impact en de
risico's kende ze niet. En dat is goed zo.

'En je broer?'

Ach, hij blijft wie hij is. Problemen maken om niets...
Luister, ik wil ook hem positief benaderen, al maakt hij
het me verschrikkelijk moeilijk.

'Balen zeg. Waarom is je broer eigenlijk zo vervelend?'

Jaloezie, onzekerheid, ik weet het niet. Ik kan er met
hem niet over praten. Hij schreeuwt, loopt weg of ver-
breekt de verbinding... Ik probeer hem even niet te zien,
want ik kan hem eerlijk gezegd niet meer zo goed verdragen. Ik voel op dit moment te veel tegenziel.

'Je zou positief blijven.'

Daarom ontloop ik hem voorlopig. Ik heb geen zin
meer in zijn gezeik. En nu mijn vader dood is... Laat hem
maar zijn oppervlakkige, egoïstische leven leiden met
zijn sexy vriendinnetjes.

'En hoe is je moeder daaronder?'

Die is een stuk pragmatischer dan ik. Bij haar telt alleen het heden. Ze blijft niet hangen in zijn ruzies. En dat is ergens wel goed.

'Laat ik het rijtje maar afmaken. Sanne?'

Beter dan ooit. Ze is nu mijn Beatrice. We zijn samen de Lethe overgestoken.

'De Lethe?'

De rivier der vergetelheid.

'Ja, ja... Je werk?'

Redelijk.

'Redelijk?'

Ja... Doordat ik een aantal maanden buitenspel stond, moet ik in veel opzichten weer opnieuw gaan zaaien. Klanten kunnen geen rekening houden met een nierdonatie; die wachten niet op mij, de winkel moet blijven draaien... De sfeer tussen Arthur en mij is overigens goed. En de vooruitzichten zijn prima.

'Je kunt er dus van rondkomen?'

Nog niet helemaal. Ik eet een deel van mijn spaargeld op.

'Je had toch recht op WW?'

Ben ik mee gestopt. Het CWI is mij te negatief. Wantrouwen en bureaucratie, meer hebben ze niet te bieden. Die negativiteit wilde ik niet meer.

'Spannende tijden...'

Valt wel mee. Ik heb er veel zin in. Ik voel me krachtig en ga er vol gas tegenaan. Sterker nog, zo krachtig en positief heb ik me nooit eerder gevoeld... Om toch nog even op de operatie terug te komen: ik kan alle mensen die lijden aan een depressie van harte aanraden om een nier te doneren.

'Vast en zeker zal iedereen anders reageren op zo'n avontuur.'

Misschien, maar er gebeurt wél wat met je. En wellicht verdwijnt de depressie... En in het slechtste geval blijft de depressie in leven, net zoals veel nierpatiënten...

'Als ik je verhalen goed begrijp, moet je ze wel triggeren met een redelijke kans op overlijden?'

Daar moet je natuurlijk goed over nadenken. Bij mij hielp dat in elk geval wel. Volgens mij is het een interessant idee om doneren *en vogue* te maken bij depressieve mensen. Nu proberen ze donoren te vinden met een christelijke boodschap – help de ander. Dat leidt tot zes anonieme nierdonoren per jaar. Zes! Twee miljoen Nederlanders slikken antidepressiva. Een behoorlijk potentieel.

'Dat lukt natuurlijk nooit.'

Waarom niet?

'Onze wetgeving zit boordevol christelijke moraal. En onze normen en–'

Sorry dat ik je onderbreek. Misschien moet het werven wel buíten de gangbare kanalen om plaatsvinden. Ondergronds, als het ware. In Scandinavië heb je zelfmoordclubs... Ik kan bijvoorbeeld een boek schrijven en lezingen verzorgen over dit onderwerp. Ja, waarom eigenlijk niet? Ik voel me toch al meer een toeschouwer van dan een deelnemer aan dit avontuur. Ik heb een reinigende pelgrimage in de aanbieding...

'Nou, nou.'

Eric-Jan, hoe kijk je eigenlijk tegen mij en mijn ideeën aan? Vind je mij gek?

'Gek? Nee, dat niet... Misschien... Stel dat er weer oorlog zou komen, de Duitsers vallen binnen. Pief paf poef... Ik denk dat jij dan een van de eerste verzetsstrijders bent die sterft. Het hart op de goede plaats, maar te roekeloos en naïef.'

31

en meer van die gekkigheid

(de dominosteen)

woensdag 5 mei 2010, 10.35 uur

Esther?!

'Het is niet waar...! Wat doe jij hier?'

Controle... Kom ik je wéér tegen... Dat kan haast geen toeval meer zijn.

'Je zou inderdaad bijna gaan denken dat het geregisseerd is... Je hebt mijn naam onthouden!'

Je had een lief briefje achtergelaten in het ziekenhuis.

'Ja, je sliep toen ik vertrok... Ik wilde toch nog iets laten weten.'

Dat was fijn... Jij moet vast en zeker ook op controle?

'Ja.'

Praatje met de chirurg en bloed prikken. Heb ik net gehad.

'Je ziet er goed uit.'

Jij ook.

'Dank je. Hoe gaat je herstel?'

Nog een beetje moe, maar verder prima. En bij jou?

'Ook goed.'

En Bart?

'Die ligt weer in het ziekenhuis... Niks met de nier hoor, die doet het nog altijd uitstekend. Hij heeft een longembolie. Overgehouden aan de operatie.'

Shit zeg... Is dat ernstig?

'Een bloedpropje is in zijn longen beland. Hij krijgt nu verdunners. Als het goed is, moet hij twee weken in het ziekenhuis blijven. Daarna is hij weer de oude.'

Gelukkig... Wat een gedoe allemaal, zeg. Trek je het nog?

'Ik heb goede hulp van mijn ouders en schoonouders. Heb je trouwens de brief ontvangen?'

Brief?

'In het ziekenhuis heb ik je toch verteld dat mijn schoonvader een brief voor je had geschreven.'

Ja, dat weet ik nog.

'Ik heb die brief aan Wilma gegeven. Zij zou die naar je doorsturen.'

Nee, niks ontvangen... Dat is wel opzet, hoor. Ze houdt die brief achter. Wilma gaat zo krampachtig met de situatie om. Volgens mij heeft ze het gevoel dat ze gefaald heeft. Wij hadden elkaar nooit mogen ontmoeten.

'Die indruk heb ik ook. Als ze hoort dat wij elkaar vandaag opnieuw zijn tegengekomen... Stom ook om ons zo achter elkaar te plannen.'

Heeft ze weer iets om over te vergaderen. Nieuwe ethische codes bedenken en meer van die gekkigheid...

Terwijl ze het ook gewoon aan ons kan overlaten, twee intelligente mensen die heel goed weten waar ze mee bezig zijn... Maar laten we niet kwaad worden. Ze bedoelt het vast en zeker goed.

'Je pakt het sportief op, zeg.'

Ik heb besloten voortaan alles positief te benaderen. De operatie heeft mij aan het denken gezet. Weg met de negativiteit!

'Wat goed. En je hebt ook nog eens ons gezin blij gemaakt. We zijn je ontzettend dankbaar voor je nier.'

Bart ligt wel in het ziekenhuis...

'*Peanuts.* Als je weet wat wij al met zijn ziekte hebben meegemaakt. Nee, dit stelt echt niks voor. Over twee weken is hij weer thuis... Helaas moet ik nu weg. Mijn afspraak...'

Natuurlijk. Doe Bart de groeten van me.

'Zal ik zeker doen. Je kunt hem ook even gaan opzoeken, hij ligt op–'

Nee, dat doe ik niet. Het is goed zo. Misschien komen we elkaar over een jaar weer tegen, bij de volgende controle.

'Ja, als alles goed is, zijn we over een jaar pas weer aan de beurt. Wie weet... Kom eens hier, jij. Ik wil je even omhelzen en kussen...'

Kus mijn laatste zonden maar weg.

32

fantoomfijn

(de professor)

woensdag 7 juli 2010, 9.40 uur

'De wonden zien er goed uit. Keurig gedaan. Nog ergens last van gehad?'

Laat ik nu eens niet zeggen: van domme mensen. Nee, het gaat prima.

'Geen pijn?'

Valt mee. Alleen... Bij het klaarkomen doen de littekens behoorlijk pijn, en de spieren. Het valt me nu pas op hoe fysiek een ejaculatie eigenlijk is. Mijn hele buik lijkt samen te trekken. Ja, dat is pijnlijk... Maar ook een mooie ervaring. Pijn en fijn tegelijk.

'Pas maar op. Voor je het weet breng je de weekenden nog door in obscure kelders, met in glanzend lakleer gehulde meesteressen...'

Spreekt u uit ervaring?

'Zullen we dat maar in het midden laten? Eens even

kijken, de bloedwaarden zijn prima, de bloeddruk ook. Heb je last van concentratiestoornissen?'

Nee hoor.

'Extreme moeheid?'

Ik ben wel nog snel moe, maar of ik dat extreem moet noemen...

'Die moeheid zal verdwijnen. Vergeet niet dat je een zware operatie achter de rug hebt. En dat is pas drie maanden geleden. Ik verwacht dat je over een paar maanden weer volledig de oude bent.'

De oude zal ik niet meer worden. Ik pas wel op.

'Wat bedoel je daarmee?'

Samen met mijn nier is mijn zwaarmoedigheid verdwenen. Ik sta eindelijk positief in het leven. En dat wil ik graag zo houden.

'Zo zo... En hoe verklaar je dat?'

Fantoomfijn. Ik heb geen fantoompijn, maar fantoom*fijn*. In het kielzog van de nier is een optocht van depressiviteit meegelift, naar buiten, weg, kssst... De lege plek is vervolgens een verbinding aangegaan met het nieuwe onderkomen van mijn orgaan. Bart is blij met mijn nier. Hij heeft het fijn. Ik voel dus fantoomfijn.

'Wie is Bart?'

Mijn ontvanger. Door fouten van het ziekenhuis hebben wij elkaar ontmoet.

'Slordig, verdomd slordig.'

Er is wel meer fout gegaan.

'Wat dan?'

Tijdens mijn opname constateerde de zaalarts vocht in mijn longen. Hij vroeg meteen een onderzoek aan op de röntgenafdeling. Nooit meer iets van gehoord. Zijn verzoek is ergens in de bureaucratische machine vastgelopen en vermalen...

'Ik zal daar een aantekening van maken.'

Dat hoeft niet. Dan moet ik straks weer tientallen formulieren invullen. Daar heb ik geen zin in. Bovendien levert het niks op. Maar dat was nog niet alles...

'Daar was ik al bang voor.'

Een week na mijn ontslag uit het ziekenhuis kreeg ik bericht van mijn ziektekostenverzekeraar. Ze hadden een aantal rekeningen van het ziekenhuis ontvangen. Nog geen dag later was een eigen bijdrage van mijn rekening afgeschreven.

'Hoe kan dat in godsnaam? De verzekeraar van de ontvanger betaalt alles.'

Ik heb Wilma direct gemaild. Ze antwoordde dat het een paar maanden zou duren voordat de fout kon worden hersteld.

'Een paar maanden?'

De lijnen zijn niet zo kort, gaat via via. Haar antwoord.

'Ergerlijk.'

Maar niet dramatisch. Waar gewerkt wordt, worden fouten gemaakt. De operatie is bovendien prima verlopen en daar gaat het toch om? Nier eruit, nier erin. De rest is bijzaak... En bureaucratie is nu eenmaal nodig om de mensen bezig te houden. Zonder bureaucratie zaten we met een gigantische werkloosheid. En dus met grotere problemen dan zo nu en dan een paar formulieren invullen. Onze ergernis is pure luxe.

'Ik ben blij dat je het zo goed oppakt.'

Dat komt door de fantoomfijn.

'Het is niet goed dat er zoveel fouten zijn gemaakt. Je had de ontvanger nooit mogen ontmoeten. Dat is bij ons een gouden regel.'

Dat zal best, maar ik ben er eigenlijk wel blij mee. Ik weet nu dat mijn nier goed terecht is gekomen en werkt... Bij mijn vorige controle ben ik trouwens Barts vrouw opnieuw tegengekomen. Kijk, opnieuw een fout... We stonden achter elkaar gepland voor de controle. Niet zo slim, hè? Misschien kom ik haar zo meteen wel weer tegen.

'Is dat waar, van die ontmoeting?'

Waarom zou ik daarover liegen? Mijn nier functioneerde volgens haar nog altijd uitstekend. Meer dan uitstekend... En ik kan ook voelen dat de nier prima functioneert. Fantoomfijn. Maar u weet toch ook hoe het met Bart gaat?

'Daar mag ik niks over zeggen.'

U mag wel fouten maken, waardoor ik de ontvanger van mijn nier ontmoet, tot twee keer toe zelfs, maar ik mag officieel niet weten hoe het met hem gaat...? En Wilma houdt de brieven tegen die ze me willen sturen...

'Sorry, ik kan je op dit punt niet helpen.'

Hoeft ook niet. Ik voel toch dat het goed gaat met mijn nier.

'Het blijft een vreemd verhaal...'

Over vreemde verhalen gesproken. Eerst gebruikte u een nieuwtestamentische term voor uw nierprogramma. Daarna werd het altruïstisch doneren. En nu bent u weer terug bij af... Als wetenschapper gebruikt u een Bijbelse connotatie. Staan wetenschap en geloof niet op gespannen voet met elkaar?

'Ik ben ook niet gelukkig met de naam. Dat weet je, we hebben het daar eerder over gehad. En ik wil je je positieve gevoel ook niet afnemen. Maar ik moet eerlijk zeggen dat ik de term fantoomfijn nooit eerder heb gehoord.'

Dat is dan nog geen reden om er meteen het label 'vreemd' op te plakken.

'Daar heb je gelijk in. Ik bied mijn verontschuldiging aan.'

Geaccepteerd.

'Fantoomfijn... Wel goed gevonden.'

Dank u.

'Nu ik er zo over nadenk, klinkt het ook heel aannemelijk. Er zijn talloze gevallen bekend van patiënten die een brandend of stekend gevoel hebben in hun geamputeerde lichaamsdeel... Inderdaad, waarom kan een verwijdering niet ook gepaard gaan met préttige gevoelens? Fantoomfijn... Daar moet ik het eens met mijn collega's over hebben.'

U maakt een denkfout. De gevoelens zijn niet alleen gekoppeld aan de verwijdering. Ook het voortleven in een ander lichaam speelt hierbij een rol.

'Fantoomfijn, ik zal dat binnenkort zeker eens met mijn collega's bespreken...'

Heeft u weer een meeting op de boot, de SS Rotterdam?

'Dat was een congres. Een jaarlijks gebeuren.'

Vindt u het geen geldverkwisting om op zo'n dure locatie te vergaderen? Met driehonderd dure professionals praten over een schamele zes anonieme donaties per jaar.

'Nu maak je er een karikatuur van. Op de boot waren veel internationale wetenschappers bij elkaar. Het is zinvol om te leren van elkaars ervaringen.'

Kan dat dan niet op een meer sobere locatie? Het gaat toch om het delen van de kennis?

'Prestige speelt ook mee in onze sector. Of je het er als arts mee eens bent of niet, het merendeel van de specialisten houdt van luxe... En vergeet niet, en dat is nog veel belangrijker, ons beroep gaat gepaard met grote risico's. Onder onze handen kunnen mensen sterven. We proberen daarom alle aspecten van ons beroep zo goed mogelijk te doen. Een diagnose stellen, een operatie uitvoeren, een congres organiseren...'

Militairen slapen in tenten, ook in Uruzgan.

'Die vergelijking gaat behoorlijk mank.'

O ja? Ook onder hun handen kunnen mensen sterven. En ook hun beroep gaat gepaard met grote risico's. Zij kunnen ook nog eens hun eigen leven verliezen. Met dat risico krijgt uw beroepsgroep niet te maken...

'Dus?'

Volgens uw argumentatie moeten zij verkassen naar een vijfsterrenhotel en dagelijks meermalen gemasseerd worden door bevallige schoonheden.

'Militairen zijn laag opgeleid. En hun ego is waarschijnlijk minder groot.'

Precies. En daar wringt de schoen. Zij zijn zelfs zó dom dat ze op bermbommen rijden, vrouwen verkrachten, op eigen mensen schieten... Sturen we alleen hoogopgeleiden naar Uruzgan, dan gebeurt dat allemaal niet. Maar daar hoort dan wel een luxe hotel bij, met alles erop en eraan. Net als bij u...

'Je slaat door met je redenatie.'

Vertelt u dan eens wat u op de boot heeft geleerd. Ik ben reuze benieuwd. Noem eens wat?

'Daar ga ik nu echt niet met jou over praten. In elke beroepsgroep vinden dit soort congressen plaats. Het is belangrijk dat dit gebeurt.'

En de dansavond? *Love Boat*... Was u verkleed als Captain Stubing of als Doc Bricker, met zijn lullige bril?

'Ha ha, je bent behoorlijk goed op de hoogte... Laat ik je geruststellen, ik ben gewoon als mezelf gegaan.'

Dat stelt me enigszins gerust. En Wilma?

'Dat gaat je niks aan.'

Ik heb zo meteen een gesprek met haar... Een verleidelijke jurk? Als coördinator moet zij natuurlijk wel *teasen*, bruggen slaan, verbindingen leggen, con-tac-ten-on-der-hou-den. Daar hoort een fraai decolleté bij...

'Vraag het haar zo meteen maar zelf... Maar nu even serieus, je voelt je dus goed en hebt alleen last van moeheid.'

Correct.

'Ik zie daarin geen aanleiding om de frequentie van controle op te voeren. Ik zie je dus over pakweg negen maanden weer. Mocht je voor die tijd ergens last van hebben, neem dan gerust contact met ons op.'

Dat zal ik zeker doen.

'En veel succes met Wilma.'

Dat klinkt als een waarschuwing.

33

ik heb geen brief

(de coördinator)

woensdag 7 juli 2010, 12.00 uur

Iets anders. Ik hoorde net van professor Brocken dat het gezellig was op de boot...

'Welke boot?'

De tot *Love Boat* omgetoverde SS Rotterdam.

'Ja, dat was een goed congres. Ik heb zelf ook nog gesproken.'

O ja? Waarover dan?

'Over onze ervaringen.'

Interessant. En 's avonds? Ik hoor regelmatig dat het percentage artsen dat vreemdgaat bovengemiddeld hoog is...

'Daar weet ik niets van.'

Op de *Love Boat* beleven de passagiers toch altijd romantische avonturen?

'We hebben drie dagen hard gewerkt.'

Drie dagen?

'Ja, van 's morgens vroeg tot 's avonds laat.'

Heeft u tijdens uw voordracht toevallig ook nog gesproken over de blinde donor?

'Hoe weet je dat? Heeft Brocken dat verteld?'

Hij heeft mij het nodige toevertrouwd, maar dat niet... U heeft mij een artikel over nierdonatie gemaild, weet u nog. Daarin werd een anonieme donor geïnterviewd: een blinde vrouw. Ik herinner me nog dat ze vertelde dat ze na de operatie weer naar de sportschool ging en dat iedereen ging staan en voor haar begon te klappen. Dat doet het natuurlijk goed op zo'n congres.

'Ik hoor enige ironie. Jij hebt andere ervaringen?'

Het gaat niet om mijn ervaringen. Het lijkt me gewoon niet verstandig om een blinde als boegbeeld te kiezen.

'Waarom niet? Zij mag toch ook een nier afstaan, net als jij?'

Maar potentiële donoren herkennen zich niet in een blinde. De afstand wordt alleen maar groter.

'Jij zou het anders aanpakken?'

Ik ben bezig met een concept dat volgens mij behoorlijk kansrijk is. Maar daar zal ik niks over zeggen, want dat concept heeft alleen maar waarde búiten de medische kanalen om. Mijn idee moet ver uit de buurt blijven van bureaucratie, ethisch gezever en blinde donoren.

'Dat klinkt mysterieus. Je kunt er toch wel íéts over vertellen, ik ben reuze benieuwd.'

Nee.

'Dan moet je ook geen kritiek hebben op onze methode.'

Waarom niet? Als ik straks naar buiten treed met mijn opvattingen, dan zult u als verantwoordelijke coördinator de eerste zijn om mij af te branden.

'Ik respecteer andermans opvattingen. Ik ben een positief ingesteld mens.'

Ik ook hoor. Sinds kort dan... Ik kan weer van het leven genieten. Het cynisme is samen met mijn nier verdwenen. Ik koester mijn fantoomfijn als bron van positieve energie...

'Fantoomfijn?'

Professor Brocken kan u daar alles over vertellen.

'Ik zal me bij hem informeren. Ik ben benieuwd... Misschien kunnen we iets voor elkaar betekenen?'

Dat verwacht ik niet.

'Ga je een boek schrijven? Je bent toch schrijver?'

Ik vertel echt niets over mijn plannen.

'Flauw.'

Weet u wat flauw is?

'Dat ga je me nu vast en zeker vertellen.'

Denk eens goed na.

'Ik heb geen flauw idee.'

Flauw heeft blijkbaar verschillende connotaties... Doet het woord 'brief' misschien een belletje bij u rinkelen?

'Welke brief?'

U houdt een brief voor mij achter.

'Een brief? Van wie dan?'

Van de vader van Bart, de ontvanger van mijn nier...

'Ik heb geen brief voor je.'

U liegt. Barts vrouw Esther heeft mij zelf verteld dat ze de brief aan u heeft gegeven.

'Ik heb echt geen brief voor je.'

U kent Bart en Esther?

'Daar ga ik niks over zeggen.'

Ik heb Esther nu al twee keer ontmoet, door fouten van u. Dus, dus, dus...

'Ik respecteer de privacy van mijn cliënten.'

Maar die brief is voor mij bestemd!

'Sorry, ik heb echt geen brief voor je. Geloof me nu maar.'

Ik doneer een nier, vrijwillig, aan een onbekende, dat bespaart u vijfhonderdduizend euro. Ik krijg niks en word ook nog eens behandeld als een idioot!

'Je bent absoluut geen idioot. We zijn hartstikke blij met je nier.'

Overhandig mij dan die brief!

'Sorry, ik weet van geen brief voor jou.'

Ik wil geen contact met Esther en Bart. Dat heb ik ze ook verteld. En dat respecteren ze. Maar ik ben wel benieuwd naar wat er in die brief staat. Vindt u dat gek?

'Ik vind het vervelend voor je, maar ik heb geen brief. En wie zegt je trouwens dat Bart de ontvanger van je nier is?'

Dat zeg ik. Dus ik wil die brief. Ik heb er recht op.

'Ik kan je echt niet helpen.'

Is dat zo?

'Waarom ben je er zo van overtuigd dat Bart je nier heeft ontvangen?'

Twee operaties. Twee donoren. Twee ontvangers.

'Hoe kom je eigenlijk bij twee operaties? Die dag zijn er vier uitgevoerd. Vier keer *domino-paired*.'

Maak dat de kat wijs! Zie ik eruit als een debiel? Draai ik met mijn ogen zonder dat ik het in de gaten heb? Loopt er kwijl uit mijn mond?

'Kun je alsjeblieft weer rustig worden? Op deze manier kunnen we niet met elkaar praten.'

Rustig worden? Geef me godverdomme die brief! En hou eens op met dat toneelspel!

'Ik speel geen toneel.'

Kom op, zeg! Is het nu afgelopen met die flauwekul...! Ik wil die brief en dan ben ik verdwenen. Ik heb meer dan genoeg van jullie onprofessionele geouwehoer...

'Ik ga dit gesprek nu beëindigen. Misschien kunnen we het hervatten als je weer wat rustiger bent. Ik stel voor dat je even op de gang gaat zitten en iets gaat drinken. Wanneer je weer bent afgekoeld, weet je me te vinden... Kom, ik ga je voor naar buiten en haal een koffie voor je...'

De gang? Het voorportaal tot de hoogste hemelkring?

'Interpreteer het zoals je wilt. Als je maar even naar buiten gaat.'

Dat gaat zomaar niet. Ik ben geen kind dat je de klas uit stuurt!

'Laten we dit dan ook alsjeblieft als twee volwassen mensen oplossen. Jij gaat rustig een kopje koffie drinken en dan praten we daarna verder... Kijk, daar naast Bernard is nog een plekje vrij.'

Maar dat is... Dat is de zingende neger! Hij lag bij Bart

op de kamer! Het moet niet gekker worden... Die man zong de héle dag. Om gék van te worden.

'Hij ziet er nu toch behoorlijk kalm uit. Ga maar even naast hem zitten, dan haal ik een kopje koffie.'

Onder protest.

'Dat mag. Melk en suiker?'

Zwart. Pikzwart.

*

Hoi, ik ken je van het ziekenhuis. Afdeling 9 Oost. Ik lag een paar kamers verderop. Je lag bij Bart op de kamer. Toch?

'*You talkin' to me?*'

Pardon?

' *YOU TALKIN' TO ME?*'

De glans van Hem die 't al bewegen doet,
Doordringt de wereld, en wij zien Hem pralen
Met hier een zwakker, daar een sterker gloed

.

Canto 1, Paradijs, *De goddelijke komedie*, Dante

Inhoud

DEEL III   sanctus

Verantwoording

De lemma's voor in het boek zijn afkomstig uit de *Dikke Van Dale*, dertiende, herziene uitgave

The Ace of Spades is een nummer van de metalband Motörhead en is afkomstig van het gelijknamige album. Het is uitgebracht in 1980

Het motto van Daniil Charms komt uit het boek *Brieven en Dagboeken*, Uitgeverij Pegasus, Amsterdam 1993

Het motto van Max Blecher is afkomstig uit de roman *Întâmplări în irealitate imediată*, in 2010 door uitgeverij L.J. Veen gepubliceerd in een vertaling van Jan H. Mysjkin

De vertalingen van de canto's uit *Purgatorio* en *Paradiso* van Dante zijn van de hand van Ike Calona en Peter Verstegen, Athenaeum – Polak & Van Gennep, Amsterdam 2001

Bij de productie van dit boek is gebruikgemaakt van papier dat het keurmerk Forest Stewardship Council (FSC) draagt. Bij dit papier is het zeker dat de productie niet tot bosvernietiging heeft geleid. Ook is het papier 100% chloor- en zwavelvrij gebleekt.